近江絹糸「人権争議」の真実

朝倉克己
Katsumi Asakura

サンライズ出版

まえがきに代えて

昭和二十九年六月、近江絹糸新組合結成に至る間
経営側の企てに従業員への抑圧
人権無視と自由の束縛の歴史の積み重ねに抗しての潜行活動
労働法規の脱法行為による違法労働の強要
生産増強第一主義の労務管理、寄宿舎管理における舎監制度による監視
下、仏教の強制と私生活への過干渉に抗して芽生えた新組合結成への期待
その実現に向けた秘密組織の立ち上げ、新組合結成と一〇六日間の闘い

「ローマは一日にして成らず」とのたとえのごとく、その歴史の格は比較すべくもないが、昭和二十九年六月勃発の近江絹糸労働争議（新労働組合の結成）も、突発的、自然発生的に起こったものではない。長い間にわたって積み重ねてきた、苦しく、厳しい歴史のあったことを、前拙著『近江絹糸「人権争議」はなぜ起きたか』に引き続き、ここに記す。

目次

第三章　共に闘った同志の絆は永劫に

序章　近江絹糸人権争議に至るまで

戦後の近江絹糸彦根工場

第二次世界大戦が終わったまだ復興の時代、近江絹糸に職を得て、生活の基盤とした労働者は、九州・四国・山陰・北陸・信州・東北地域と遠隔の地から特異な社会的・家庭的な状況のなかで育った人々の集まりであった。

たとえば、戦後の混乱期の苦しい生活・海外からの引き揚げ、戦中の空襲を避けての父祖の地などへの疎開の苦しい生活を強いられた、父母など保護者との死別後新しい保護者となった人との不和、家庭環境の激変で経済的困窮生活を強いられた人たち、地理的悪条件のなかでの困難な生活におかれた人など宿命的とも言える多くのハンディを背負った人たちがここを終生の職場として働きつづけたいとの思いをもって入社したものだった。

寄宿舎に入居して、多くの志を同じくする従業員とともに学卒後の新しい生活に胸を弾ませ、入社後、職場の配属が決まり、はじめての仕事を一刻も早く修得しようと慣れない作業に真剣な面もちで取り組んだ。先輩からの助言と指導に一心不乱にその言動に、作業動作の手順を聞きもらさないよう、一挙手一投足を見落とさないようにと耳をすまし、眼を皿のようにして全神経を集中させたものだった。

ところが、新入生としての試用期間、予備期間が過ぎる頃から先輩上司の指導に違和感を感じるようになってきた。手取り足取り教えるのではなく、全てが命令調であって、その上威圧的態度でもって

「そんなことが分からないのか」

「なにをしている早く持ってこい」

などの言葉を発して怒鳴り付けるだけで、そこには新入者を親切に教え指導するという情味のある人間性を感じとることはできなかった。

さらに時間を経て気づくようになったのは、上司に対して要領よく立ち廻ることに聡い職場の雰囲気であることが分かってきた。また、仕事に対しては要領よく手抜きすることが常態化していて、仕事に対して真面目に取り組むことなど考えられなかった。その上、職場における上下の関係、先輩後輩の関係のあり方が、かつての旧軍隊調を想起させるものであり、たとえ一日でも先に入社した者は先輩風を吹かせて後輩の者を〝あ

ご〟で指図するというものだった。

職場では、労働法令と労働者の人権を無視した生産増強第一主義とも言える職場規律を徹底する職制機構のもとで、工場生活のなかで〝ものを言わぬ〟会社人間に仕立てあげた。ひたすら企業拡大のための生産増強の要員としての役割りだけを担わされていた。

また希望をもって入社したこの会社での寄宿舎での生活は別の意味で地獄であった。規律を徹底するために、社長直結の舎監という職名の寄宿舎管理者を配置し、自由のない抑圧的な規律の強化を行った。そのための手法として寄宿舎入居者に〝躾〟という名目をもって〝仏教〟を利用した教育を強制的に行い、独善的な寄宿舎規律を徹底させた。

働く人たちは、立場と生活を守るために会社生活のなかでなに事にも表面的には隠忍自重の姿勢に徹した生活であった。経営者はこの状況を見透かしたようにますます独善的な企業規律の徹底を図って企業内の閉鎖社会をつくりあげていった。

職場は極端な身分差によって、牛馬同然の扱いであった。そこには全くもって人間扱いは皆無であった。あるのは、生産増強のための個人別、班別、職場別、番別そして工場別対抗競技への要員としてのみに追い込まれるだけであった。

労働者にとっては労働組合こそが頼みの綱であるはずのものだが、近江絹糸の労働組合は名前だけのもので、実態は経営側の手先となって労働者いじめの機関であった。

そんななかで、張りめぐらされた会社側の監視網をくぐり抜けて、昭和二十五年から五年間一途に新組合結成の秘密計画を練り上げ、秘かに労働条件の改革を目ざして、秘密裏に同志を糾合して新組合の結成を企てた。

人権争議はこの抑圧された会社内の状況を打破することであった。企業権力によって抑えこまれていた労働者が目覚めて一斉に立ちあがったものであった。

人権争議は起るべくして起きた人間回復の闘いであった。

第一章

一〇六日間の熱い闘い

（昭和二十九年六月二日〜九月十六日）

彦根工場決起まで

昭和二十九年六月二日、大阪本社の有志従業員が秘かに全織同盟と連絡をとり、社長が外遊中であるこの時期を狙って新組合を結成した。

六月三日、大阪本社新組合は全織同盟の支援のもと、彦根工場を始め、各工場の従業員の決起を呼び掛けるためにオルグを派遣、市内の旅館に宿泊して、工場内の従業員に接触して誘いかけるなど活発な活動をしていた。

我々秘密組織のメンバーのなかで新組合オルグと接触した者がいた。その際、オルグから

「もし、変化があったらこの名刺のところへ連絡してください」

と名刺をもらっていた。

また全織同盟は呼びかけのため、彦根工場正門周辺に公然と宣伝車を乗り付けてマイクで大阪本社従業員が新組合を結成したことを呼び掛けた。

彦根工場の職制職員たちは大阪本社新組合オルグに対しては工場内への入門を阻止し、全織同盟宣伝車に向かって消防ホースで水を噴射して必死に追い払ったりしていた。

当初、彦根工場男子寮内の秘密組織としては決起日を六月十日としていたが、大阪本社の有志が新組合を結成したとの報を受けて急遽予定を早め、六月七日午前に変更した。前日六日の秘密組織リーダー会議で最終確認を行なった。

六日の夕刻、守衛係には定時制の中間試験打ち合わせのため、友人宅へ行くと虚偽の理由を告げて正門を出た。

大阪本社オルグが定宿にしていると聞く「みなとや旅館」へ急いで向かったのだが、あいにく朝早く宿を引き払われたとのことだった。そこで旅館の電話を借りてオルグから受け取っていた名刺に書いてある大阪本社へ電話を入れた。

まもなく電話が繋がり、本社の電話口の人に、

「彦根の朝倉という者ですが、新組合の関係の方でしょうか」

と尋ねた。

するとと電話口の人は

「はい、今役員の方々は別室で会議を開いております」

と丁寧に対応してくれたので、

「では新役員の方に取り次いでください」

とお願いしたところ、

「はいわかりました。ちょっと待ってください」

と受話器を置く音がした。

しばらくして受話器を取り上げる音がして
「会議中で中座出来ないようなので、私が聞いて伝えます」

と言われ、警戒心が幾分解け、

「それでは伝えてください。明日の朝二時に新組合を立ち上げますので、五〇人の応援者と五〇人分の食事を届けてください」

と要請した。

電話口の人は
「はいわかりました。すぐに伝えてきますので、しばらくお待ちください」

ほどなくして
「すぐ役員の方に伝え、承知したとのことでした。がんばってください」

と言われ、やっと肩の荷が降りた。

しかし、男子寮に戻ろうと工場正門を入ろうとすると、守衛係から「工場長が朝倉君を探している」と告げられた。その後私は工場長や幹部に事務所の第三応接室に監禁され、工場長や幹部から厳しい詰問攻めにあった。

一〇六日間の闘い

■六月七日

彦根工場新組合結成当日

前夜十時から事務所で監禁状態になっていた私は、とにかく午前二時まで時間を稼がねばならないと、工場長を始め会社幹部の詰問や罵声に対し、黙秘を続けた。

あれは多分午前二時になる数分前だったと思う。深夜勤務者一〇〇名が秘密会の打ち合わせの通り、一斉に運転中の受け持ち機台のスイッチを切って、職場放棄、工場中央広場に集結した。また同時刻、就眠中であった男子寮生四〇〇名が起床し、男子寮玄関前に集合し、隊列を組み、広場を目指した。ウォーッという声に私は監禁されていた第三応接室のドアを蹴飛ばして中央広場を目指して走った。中央広場に集結した男子寮生五〇〇名の同志を寄せ集めて、新組合結成の宣言を行った。続いて七項目の要求内容を提案した。参加者全員の大きな拍手でもって決議した。苦節五年、ここに恐怖と忍従に耐えて夢にまで見た新組合結成の火ぶたが切って落とされた。

突然の深夜の騒ぎに目を醒した広場横のA番の女子寮生は、寝間着のまま広場に面した大廊下の窓際に集まってきた。そこで男子寮生説得隊が新組合への参加を呼び掛けた。また朝五時勤務の先番（B番）の女子寮生の工場入場を阻止するため、ピケ隊が入口に張り付いた。

会社側は、工場正門に強固な〝バリケード〟を張りめぐらし、外部からの入門を阻止したが、午前七時半に全織同盟の西田八郎さん、午前八時半には大阪本社の新組合のオルグ十数人がバリケードを突破して応援に来てくれた。

各作業所入口に〝ピケライン〟を張って、先番者の作業所入場を阻止すると共に女子寮生への参加を呼びかける一隊は、会社側と女子寮の廊下で揉み合い、ガラスが割れる騒ぎもあった。しかしながら、これまでの会社の方針に不満を持つ女子寮生は多く、時間の経過とともに加入者はどんどん増えていった。

西田八郎さんは我々同志の前で激励の挨拶の後、新組合の役員選出を提案し、参加者に諮った。支部長・朝倉克己、副支部長・前田淳、書記長・下村宏二の三役が決まった。そして午前十時から仏間の講堂で新組合結成大会を開くことになった。

決起の先陣を切った五〇〇余名の男子寮生はほぼ全員が会場の仏間に集合した。当初女子寮生は寄宿舎の舎監や会社の管理職、役付の職制の脅しに動揺する者も大勢いたため、二、三〇〇人と想定していたのだが、日頃からの労務管理や、過度の私生活への干渉に対する不満と抗議が積りに積もっていたのであろうか、この絶好の機会を逸してはならじと、「新組合参加者は解雇するぞ」という会社側の脅しを跳ね返して次々と駆け付け、開催時には一二〇〇名を超える人たちであふれかえった。

会場いっぱいに詰めかけた真剣な表情の仲間を前にして、私は上気し、闘志が高ぶってしまい、充分に意をつくせないままの訴えの挨拶となってしまったが、これまでの経過と取り組みについて説明し、新組合の結成と協力を求めた。

また大阪本社の西島恒雄さんにも演壇に立ってもらい、他の会社では到底考えられないことを押し付けられているのだと具体例をみんなに解りやすい言葉で話してもらった。これにより新組合への信頼が一段と高まり、彦根工場だけでなく同じ仲間がいるんだという連帯感・安心感が強くなった。

続いて、副支部長の前田さん、書記長の下村さんがそれぞれの立場で新組合立ち上げの思いと考えの説明があり、まだ新組合への賛同を表明していない人たちに呼びかけようということを確認した。

会社との交渉、近隣の様子

大阪本社新組合渡辺三郎組合長も彦根工場に駆けつけてくれて夏川要三彦根工場長と会見、午前中に第一回団体交渉が行われた。会社側は全繊加入は認められないとし、正午すぎからの第二回交渉も物別れに終わった。

昨夜からの工場の騒ぎで、近隣住民はもちろんのこと新聞各社も取材活動を始め、正門近くには大勢の人だかりとなった。

これは後日聞いた話であるが、会社側はまだ新組合のことが耳に入っていない女子寮

▲6月7日早朝、西田八郎氏の呼びかけに集まった男子寮生

▼彦根工場で大阪本社西島恒雄氏とともに団体交渉

生たちを裏門からこっそり連れ出し、旧江戸町の社長旧宅へ隔離し、舎監は寮生たちに日頃あまり口にしたことのない文明堂のカステラを振る舞ったという。時間が経つにつれ、女子寮生たちは舎監に騙されていることに気付き、脱出の機会を狙っていたところ、男子寮生の救出によって解放されたという。

■六月八日

無期限スト突入

新組合を結成してから二日目に入った。八日午前一時三十分から女子寮内中庭テニスコートに集まり、無期限スト態勢を固めるとともに、同五時の先番（早番）から全員就業を拒否することにした。会社側の新組合への卑劣な差別扱いを跳ね返すため、新組合の闘争戦術も激しさの中に巧妙さを加えることとなった。

この日午前三時ごろから、男女寮生七〇〇名が女子寮内中庭テニスコートに集結し、午前五時から就労しようとする先番者（B番）を中庭に〝ピケ〟を張って阻止した（女子寮B番者が寮舎から職場に入るには中庭を通らなければならない）。

この時間帯、〝ピケ〟を破ろうとする会社側の職制社員と投石騒ぎとなり、二十数名の軽傷者を出した。

新組合男子寮生は、呼笛を合図に職制社員に対して、

「暴力を揮うな」

と口々に怒鳴り声をあげながら、

「ワッショイ」「ワッショイ」

と威嚇〝デモ〟を行った。

新組合では、全織加盟再確認と、応援にかけつけ工場正門前に待機中の大阪本社新組合幹部等の工場内立ち入りを会社側に要求することを決議し、午前八時、藤田副工場長に同決議文を提出したが、拒否されたため、男子寮生全員が一斉に各職場入口に〝ピケ〟を張って、職場放棄の態勢を固め、スト続行の確認をした。

八日も引き続き、応援の大阪本社新組合渡辺三郎組合長等三十名を迎えて、女子寮内中庭テニスコートで闘争貫徹決議大会を開き、気勢をあげ、職場放棄戦術の行使二日目も全工場操業停止の状態に追い込んだ。

団体交渉ついに決裂

彦根工場の争議は混乱状態となり、六月八日午後に入ってますます混迷の度が深まった。

午後四時から開かれた第三回団交で会社側は、「組合活動は工場外でやってほしい」と新組合に要求して譲らず、また新組合側の要求事項に対しては確答を避けたため、四時半に交渉は決裂した。

新組合では直ちに女子寮内中庭テニスコートで大会を開いた(一六〇〇名参加)。工場外に出ていた大阪本社新組合〝オルグ〟等も、正門の阻止網を突破して入場して大会に参加した。一方、応援の全繊関係者も工場のコンクリート塀をよじ登って指導してくれ、以下の事を決議した。

①スト権の確立

②大阪本社新労組から提出の要求を貫徹するまで職場放棄を続行

③団体交渉は、大阪本社新労組のみで行い、彦根支部単独の団交は今後行わない。

男子寮組合員五〇〇人は引き続き中庭テニスコートで労働歌を高唱し、気勢を挙げた。

　一方会社側は、午後一時、彦根市警へ警官隊の出動を要請したが、警察は「当局の調べでは、貴社には不穏な形勢はみられず、労働争議に警察は介入できません」と拒否した。

全織同盟　セスナ機からビラを撒く

　昼前に突然空から彦根工場の広場にビラが紙吹雪のように舞い降りてきた。全織同盟は、「セスナ機」をチャーターして、数万枚の激励ビラを撒いてくれたのだった。上空から落ちてくる大量のビラに「ワアッ」と歓声をあげて拾い集めて、貪りながら目を通した。

　この奇抜な支援体勢を受け、新組合員は勇気づけられ、ますます団結は固まり、闘争心は盛り上った。

　新組合側のピケ体勢の強化で攻勢が続くなか、操業をさせようとする会社側は、焦りの色が濃く、新組合側との間に終日小ぜり合いが絶えなかった。

「舎監たちは手に手にこん棒をもって、大会（集会）に出ようとする新組合支持者を部屋に閉じこめる」

と男子寮生の佐々木君が叫ぶと、

「そうだ、そうだ」

と女子寮内新組合支持者が泣きながら大声を出して反応した。

一方、近くに居た事務部長の遠藤氏は
「妨害なんて、とんでもない」

と反論しながら、カメラを手に持って「パチ」「パチ」と撮っていた。

新組合加入阻止にあの手この手

会社側は、新組合の勢いに対抗するために、先ず職制社員及び外部寮居住者・通勤者（寮外居住者）を中心に引き止め作戦を開始した。

工場正門前にある社員用の厚生施設・厚生館に職制社員等を集めて、毎夜近江牛肉の「すき焼き会」を開いた。すき焼きは食べ放題、ビール・酒は飲み放題と、通常では考えられない豪勢な食事で社員を手懐けようとした。この飲み食いのために食料品、食材の買入れ準備をする女子事務員は大忙しであったという。

厚生館の大広間・宿泊室を解放し、連日数十人に及ぶ職制社員、古参職員に対して食べ放題・飲み放題の無尽蔵な振舞いによるすき焼きの匂いたるや、これを抑えこむことなど不可であり、その匂いは寮にまで漂ってきた。しかし、これみよがしの差別的挑発行為はむしろ逆効果であった。

食べ物も充分でなかった若い新組合参加者にとっては、うらやましいというよりも、会社側の意識的差別行為に対して、対抗心・闘争心を掻き立てるものとなった。

また女子寮内においては、前述のカステラ以外にも、給料の支払いに差をつけたり、寮生の家族へ脅しの言辞をもって、新組合加入を阻止したり、あるいは偽の電報を打電したり、手紙などの通信手段を用いて切りくずしを図ったり、さらには、帰郷旅費を支給したりと、あの手この手で新組合への加入阻止へ向けて狂奔した。

また、労務出張所の地域担当者を使って、「デマ」を流したり、新組合から子弟が離れるように家族に迫ったりと、あらゆる手段を駆使した。

会社側は夜に入って、女子寮の一部の窓を釘付けにして、寮外からの〝アジ〟を防いだ。

また、夏川工場長は、

「職場放棄者は全員解雇する」

「新労組は認めない、改めて全工員の要求を入れた別の組合を結成させる」

「全繊にはあくまで対抗する」

と宣言した。

■六月九日

彦根工場新組合に応援部隊が続々

職場放棄三日目に入った六月九日午前九時三十分、大阪本社新組合から木村進書記長、大塚敬三執行委員等二十余人が応援に来てくれたが、工場内に入れようとする男子寮生三〇〇人と、これを阻止する会社幹部との間で、激しくもみ合い、夏川工場長、藤田副工場長らは、めがねを飛ばされ、シャツを破られる騒ぎとなった。

なんとか工場内に入った本社新組合員とともに、十時三十分から開かれた七回目の決起大会に出席、気勢をあげた。この日も職場入口は男子寮生の「ピケ隊」で阻止、工場

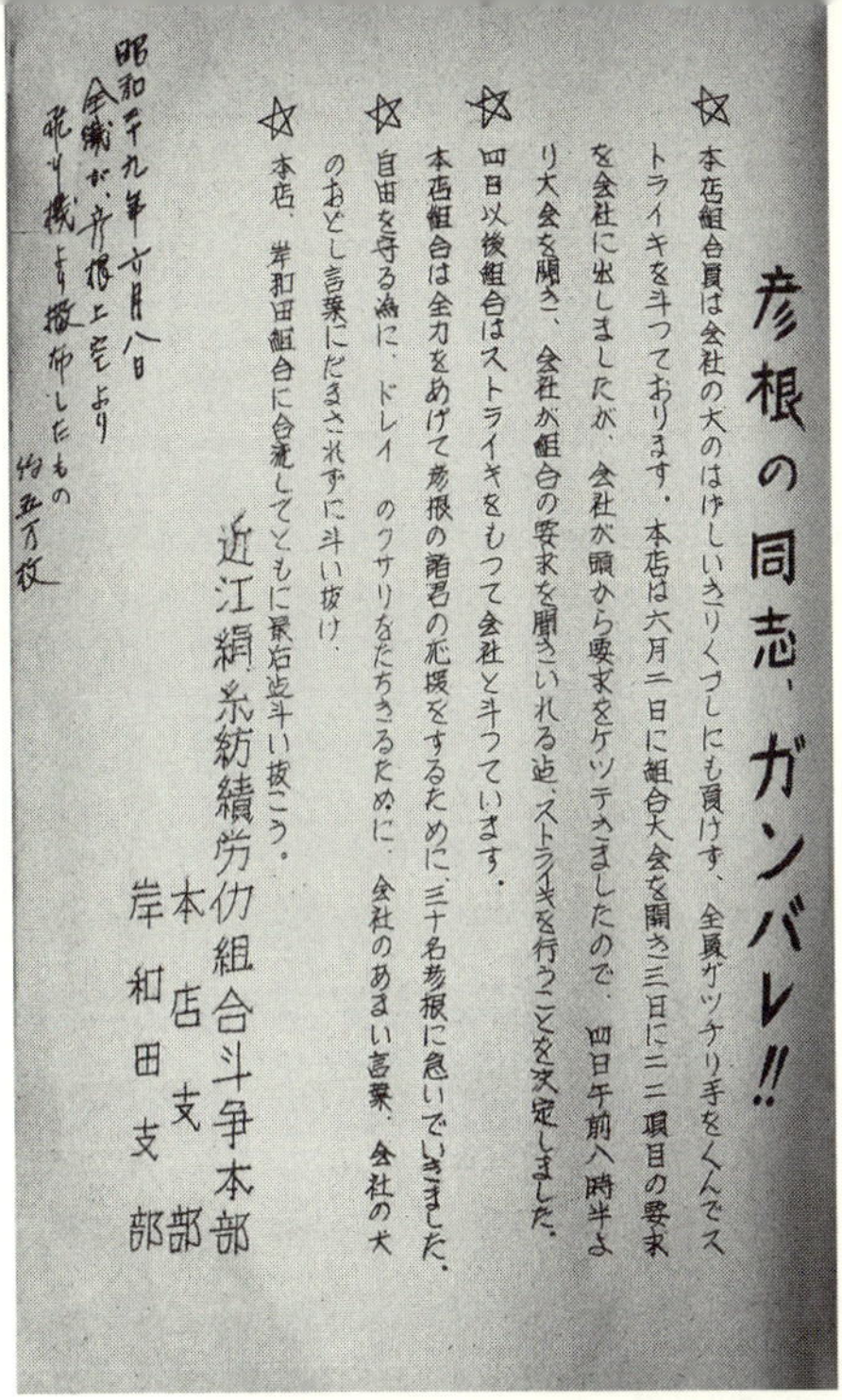

彦根の同志、ガンバレ!!

☆本店組合員は会社の犬のはげしいきりくずしにも負けず、全員ガッチリ手をくんでストライキを斗っております。本店は六月二日に組合大会を開き三日に二二項目の要求を会社に出しましたが、会社が頭から要求をケッテきましたので、四日午前八時半より大会を開き、会社が組合の要求を聞きいれる迄、ストライキを行うことを決定しました。

☆四日以後組合はストライキをもつて会社と斗つています。

☆本店組合は全力をあげて彦根の諸君の応援をするために三十名彦根に急いでいきました。

☆自由を守る為に、ドレイ のクサリをたちきるために、会社のあまい言葉、会社の犬のおどし言葉にだまされずに斗い抜け。

☆本店、岸和田組合に合流してともに最后迄斗い抜こう。

近江絹糸紡績労仂組合斗争本部
本店支部
岸和田支部

昭和二十九年六月八日
全繊が彦根上空より
飛行機より撒布したもの
約五万枚

◀セスナ機から撒かれた激励ビラ
（彦根市立図書館提供）

▶労働歌に対抗し太鼓を打ち鳴らす幹部、職制職員

操業は全面的にストップした。

歌合戦の応酬と居室替え強行

同日、夕方六時から総決起大会には、大阪本社新組合、全繊同盟支援隊、鐘紡労組も応援、労働歌を大合唱し気勢をあげた。

これに対し、会社側は事務部長等幹部が、残りの女子寮生をマイクで呼びかけて集め、新組合側の労働課に対抗させるべく、太鼓やブラスバンドを持ち出し、社歌や仏教歌を合唱させた。

新組合側は整然とスクラムを組み、広場を〝ワッショイ〟〝ワッショイ〟とデモを行って気勢をあげて、午後七時三十分に散会した。

日毎に新組合への加入者が増え続けている状況に、会社側は分断策として、新組合に参加を表明している人たちと、参加をためらっている人たちを分離するため、居室替えを強行しようとしていた。

また、女子寮生全員に対し、舎監や新組合に距離をおく古参の寮長等が用紙を配布して、「全繊には入りません」と書かせるなど陰湿な手法を用いて会社側につなぎ止めようとした。

このことが判明するや、新組合の女子執行委員が中心となって、舎監等の行動を止めるため牽制に入った。

ロックアウト通告

女子寮内で舎監が慌しい動きになっているとの連絡を受けた私は、ピケ隊の様子を見廻ってすぐに女子寮内の舎監等の動きについて動勢を収集し、新組合参加者への激励を終えて、男子寮へ戻り、同室の同志と打合せを行っていた。

しばらくして男子寮の舎監長から、すぐに舎監室に出向くようにとの呼びつけがあった（時計は午後十時三十分を過ぎていた）。

「工場長から、なにか通告があるそうだ」

「通路の入口のところに、工場長が来るそうだから、そちらに行け」

と告げられた。

何事が起きたのかと思いながら、男子寮玄関から通路の抜け口の方向に歩いた。

すると通路抜け口周辺の柱という柱に強力な棰材でもって男子寮からの通路出口を閉

鎖し、通り抜け出来ないように、木材と金網で塞いでいるではないか。これは一体どうしたことか。先ほど、女子寮から男子寮へ帰寮したときには何事もなかったのに、短時間にバリケードを構築したのである。

金網越しに一枚の紙片が貼られており、木材と金網で遮断された通路の奥に夏川要三工場長が待ち構えていた。金網越しに近づくと工場長は、管理職制を従え、待っていた。

「工場構内にロックアウトを設定した。従ってこの通路を閉鎖したので、ここを乗り越えて中に入れば不法侵入として処罰する。外出する場合は、左側の工場壁の通用門（製品出荷用門）を開けておくので、そこを利用するように」

と言って金網越しに「ロックアウトの通告書」を示し、手渡された。

私は通告書を受け取って目を通し、これからどうなるのかと不安に絡らわれていた時、解放された通用門から、一人の男性が足早に近づいてきた。

「委員長の朝倉君は君か」

「はい」

「自分は読売新聞大阪本社の上田と言う者だ」

と言って名刺を渡してくれた。

「会社はロックアウト（事業所を閉鎖し、労働者を締め出すこと）を宣告してきたが、これは大変なことなんだぞ。こんなところでもたもたしていれば君たちは不利になる。すぐに全繊同盟の現地対策本部に行って相談することだ。通用門の外に社の車を停めているから、今すぐに行け。本部まで乗せて行ってやるから急げ」

上田記者の勧めに応じ、素早く次の行動に移った。

全繊同盟の現地対策本部は、彦根市立花町の西吉旅館であった。玄関に到着するや、上田記者は二階の一室に案内してくれ、待機していた全繊同盟の幹部を紹介してくれた。私は先ほど構内男子寮通用口で受け取った「ロックアウト」の通告書を示した。上田記者は、自分を全繊の幹部に引き合わせるとすぐに次の行動へと移っていった。

全繊幹部はこの種の争議には手慣れたものとみえて、「ロックアウト」の通告書に目を通しても慌てることなく、

「よし解った、心配するな。全繊は法律関係の担当者が中心となって、弁護士とよく相談して次の対策を考える」

と、居合わせたそれぞれの担当者にテキパキと指示をした。

「それにしても、このロックアウトの内容はひどいものだ」

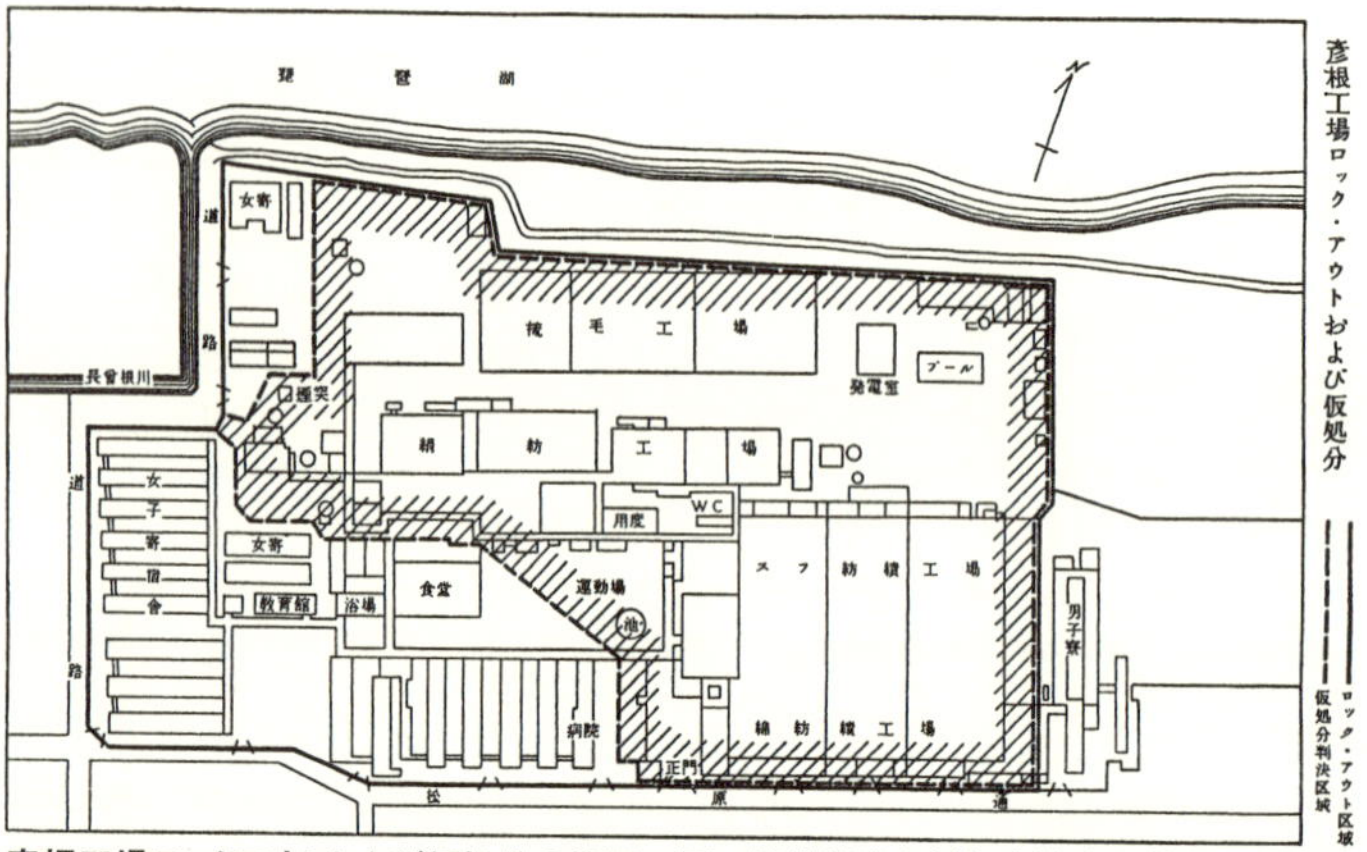

彦根工場ロックアウトおよび仮処分の範囲　図の斜線部分が新組合員立入禁止となった。
（出典：上野輝将『近江絹糸人権争議の研究―戦後民主主義と社会運動―』2009）

と全繊関係者は呆れ顔と共に、怒りの表情を顕わに示していた。実はロックアウトの対象範囲は生産部門の作業所にとどまらず、工場構内の公共場所・厚生施設・生活関連場所・工場構内に出入りする工場正門まで含まれていたのだった。

西吉旅館から寮へ戻ると、案の定寮生の間には動揺が広がっていたが、私は全繊同盟の現地対策本部に出向いて相談してきたことを皆に告げると、落ち着きを取り戻した。そして夜半に元気のよい寮生を中心に通路のバリケードを打ち破り、食堂への通路を確保した。

その後、このロックアウトの内容とその対象範囲は、労働諸法規に抵触するもので、争議後の労使の争点となり、また法律専門家からみれば、経営側は〝ひんしゅく〟を買うことになったのであった。

新組合側としては、違法性が高いとして、経営側に対し直ちに撤回させるよう、弁護士団を通じて仮処分を求める法廷闘争に持ち込む手続きに入った。

■六月十日

梅雨のさなか、雨に打たれての決起大会

職場放棄の四日目の闘争は、雨に明け、雨に暮れた一日となった。幾棟にも続く広い工場内の機械はピタリと止まったまま、新組合員は雨にもめげず〝ピケ〟に〝大会〟に〝連絡〟にと充血した眼を見開いて、闘志をもり上げ、広い工場内をかけまわった。

この日の朝、大垣工場で従業員一三〇〇名のスト突入の知らせが届いた。彦根工場新組合員は十時から決起大会を開いた。雨の広場でスクラムを組みながら、労働歌を歌う組合員の顔は、汗と雨でしっとりぬれていた。

これに対し、会社を支持する女子寮生等が社歌「御仏の道」を合唱し、終日、双方で声の妨害合戦を繰り返し、騒然たる空気となった。

この日、新組合への加入者は午後五時現在、全従業員のうち一六九四名に達したことを確認した。

地検、地労委を巻き込む

ロックアウトしたにも拘らず数時間後に血気盛んな男子寮生に力づくでバリケードを突破されてしまった会社側は、すぐさま協議の上、夏川要三工場長の名で、新組合渡辺三郎本社組合長、木村進書記長、朝倉克己彦根支部長、下村彦根支部書記長ら幹部一八名を建造物不法侵入、器物毀棄、謀議などで大津地検彦根支部及び、彦根市警に十一日告訴することを決めた。

これに対し、新組合では間宮全繊法規部長等と執行委員会を開き、「ロックアウト停止」の仮処分を大津地裁彦根支部に申請するとともに、会社及び夏川工場長を不当労働行為で十一日午後、滋賀県地方労働委員会へ提訴することを決定した。

提訴理由はつぎの五項目で、大阪本社新組合執行委員長を申請人とした。

㈠夏川要三彦根工場長は、新組合結成の機運が高まった六月六日夜、朝倉克己新組合支部長らを約四時間にわたり軟禁し、組合結成を阻害した。

㈡新組合の加入者に対し、工場主任、寮母などを使い脱退を説得した。

㈢会社側は六月九日夕、御用化している旧組合の田中組合長ら幹部が「全織同盟には参加しない」と記したビラ二八〇〇枚余を各寮に配布・署名捺印させ、これに応じたものにはジュース、羽子板等を与えスト中の賃金を支払うなどといって、新組合の切り崩しをはかった。

㈣新組合に加入している男女従業員に対し、新組合を脱退すればスト中の賃金を払ってやるなどと買収的行為によって新組合を弾圧した。

㈤会社側は、六月九日夜ロックアウトを通告、新組合員のみ工場内へ立ち入りを禁止し、不利益を与えるなど新組合員に差別的な取り扱いを行った。

■六月十一日

県教組の応援

新聞紙上を賑わす争議の模様は、各労働組合をも動かした。滋賀県教職員組合は、「経営者が組合の要求を容れないかぎり、全国教組によびかけ同社への就職あっせん拒否闘争をおこす」と次の声明を発表した。

経営者の労務管理は、工員の人間性を否定し、搾取に満ちた前近代的な性格をもっている。結婚、信教、外出の自由、信書の秘密保持などすべて、労働争議というより人間解放の闘いといわざるを得ない。このような会社に、大切な教え子を就職あっせんしたことを深く反省、おわびするとともに、闘っている工員諸君の今後の勝利を祈る。経営者が組合の要求を容れてその労務管理を改めないかぎり、全国教祖の同志に呼びかけ就職あっせん拒否闘争をおこし、経営者の猛省を促す。

夏川社長、帰国するも現れず

夏川要三工場長は何とか社長が帰国するまでに、事態を収拾せねばと焦っていたのであろうが、夏川嘉久次社長は海外旅行の日程を変更し、急遽十一日の朝、羽田空港に帰ってきた。

夏川社長が帰国すれば得意の強引策に出るものと予想され、

「社長を一歩も工場内に入れるな」

と工場正門前に〝ピケライン〟を張って我々は待機していた。

ところが夏川社長は羽田空港に到着後、姿を消した。夜十一時ごろ大垣工場から乗用車で夏川英三郎常務が来たものの、社長の行方については固く口を閉じて語らない。

夏川社長はいつも工場に来るのは早朝一番であったが、もしかすると夜中に現れるのかもしれないと、夜を徹して正門に〝ピケ〟を張ったまま六月十二日の朝を迎えた。

なお会社側は同日、大阪本社についても、新組合に対し「占有排除」の仮処分を大阪地裁に申請した。

■六月十二日

デモ予行に社長の長男や事務職員が突っ込む

前日の岸和田工場に続き、この日は津工場でも会社側の〝ピケ〟を突破、乱闘のすえ「近江絹糸津工場新組合」を結成したとのニュースが入った。彦根工場では午前九時より一五〇〇人余の新組合員が女子寮中庭のテニスコートで決起大会を開いて団結を固めた。

た時だった。

翌日は初めての市中デモ行進をするため、夕方テニスコートでその予行演習をしてい

社長と共に渡航していた長男である夏川浩秘書を交えた会社の職員等約四十名が白鉢巻に「反全繊」のノボリを掲げ、カネ・太鼓で社歌を歌いながら行進の列に突進してきたのである。夏川浩氏が幹部を鼓舞したのは、まさに社長が彦根工場に現れることを示唆した振る舞いでもあった。

この騒ぎには彦根警察署から久米警備課長ら約八名の警官が出動したが、新組合側が自重したため衝突は免れた。警察が調査したところ、会社側社員らは飲酒していたことがわかった。会社は飲酒したのは当日社員の慰労会があったと警察には言ったそうである。

会社の親衛隊として新組合の〝ピケ破り〟として雇われた下村組はこの日までに彦根に集結し、新組合との衝突に備え待機していたものと思われた。

■六月十三日

夏川社長彦根に現われる

十三日朝五時四十五分、静まり返った正門外で、一台の黒塗りのボロタクシーのクラクションがけたたましく鳴った。四人の守衛係が門を開くと、タクシーは事務所前へ止まった。車があまり古いので「まさか社長ではあるまい」とピケ隊はこれを見逃した。夏川社長は自動車に彦根署の刑事二人を同乗させて、彦根工場に入った。

これに気付いた男子組合員は「労働歌」を歌い、「社長を出せ」と野次ったが、事務所のドアには

「君たちとは決して仇同士ではない。紳士的な態度をとってほしい。暴力団の格好をしていては、面会できない。疲れているので静かにして下さい」

とはり紙が出された。

食堂閉鎖と友情の握り飯

社長は待ち受けていた幹部と新組合対策に乗り出した。その最初が何と彦根工場の食

堂閉鎖であった。

新組合では組合結成後、はじめての市中デモ行進をするため、広場で準備に取りかかっていたところに、社長命令として
「本日の昼食より食堂を閉鎖する。寮生は材料を渡すので各自寮で自炊をせよ」

と通告してきたのである。

塀越しに新組合を応援してくれている大勢の市民や労働組合員にもこのことはすぐに広まった。会社側の仕打ちは怒りの声となり、支援にかけつけていた鐘紡労組の人たちがすぐさま工場へ戻って炊き出しにかかり、大量の「にぎりめし」を塀越しに運びこんでくれた。

この友情の「にぎりめし」を口にしながら新組合員全員が感涙にむせび、働く者同志の友情に万感の思いをもって、感謝すると同時に、会社の非人間的な仕打ちに怒りをもってさらなる闘争心を湧き立たせたものだった。

この闘いは、なんとしても勝ち抜かなければならないとの思いを胸に、涙のにぎりめしをほおばった後の午後一時、市中デモに出発した。正門を出る際、黒山のように集まっていた市民、支援にかけつけてくれた労働組合員らの激励を受けて、足どりも強く

市中へ向かった。沿道には大勢の市民が家から出てきてくれて、大きな拍手とともに
「がんばれよ」

「要求貫徹まで団結をくずすな」

「市民はみんな新組合を支援するからな」

と口々に激励の言葉をくれた。

ありがたいと思った。こんなに大勢の人たちが応援をしてくれていることに、胸がひきしまる思いだった。思い起こせば、長い間抑圧され、自由を奪われた生活であったが、闘う勇気が込みあげてきた。この感動は生涯忘れることはないであろう。

そのときの思いを綴った福田美恵子さんの詩を掲載しておく。

にぎりめしの味　　　**福田美恵子作（鳥取県出身）**

生れて初めて味わった
にぎりめしの味
それは尊い友愛の味だった

か細い、二本の腕で糸をつむぎ
綿ぼこになって暑い工場で働く
同志の汗と泪が入ったにぎりめし
一粒一粒の御飯粒は
がんばってね　という
笑顔に変わって行く
たった、一切のたくわんと
大きなにぎりめし
それは社長が食べる、白米の御飯と
ぜいたくな酒魚より
ずっとずっとおいしいのだよ
ずっとずっと尊いのだよ
私達がやがて母となり
年老いて行っても
この尊い味を子孫に伝えよう

どうしてこの味を忘れる事が
できるものか
泪を流しながらじっと呑みこむと
勝って見せる！と勇気がわいてくる
生れて始めて味わったにぎりめしの味
それは尊い友愛の味だった

社長を先頭に新組合を挑発

市民の激励を受けた市中デモを終え、午後四時に規律正しく隊列を組みながら工場正門をくぐり、中央広場に戻ってくると、そこには管理職を中心に職制社員と御用組合（旧組合）に留まっている一部の女子寮生が「反全繊」と書いた白鉢巻をしめて、笛や太鼓で気勢をあげていた。

よく見ると、黒作業服に身を固めた土工らしき風体の五〇名ほどの男性が社員達をガードしているではないか。実はこの黒作業服の連中は会社が雇った防衛隊で大阪の下村組の人夫だった。そして一団の真ん中で大柄の社長が「ハンカチ」を振って、みんなを鼓舞しているではないか。新組合には会うことも話し合うことすらなく、これは一体なんということだ。新組合・全繊・支援者を敵対して攻撃しようとの意志の表示ではないか。

市中デモ隊が広場に到着したことを知るや、会社防衛隊は新組合のデモ隊に襲いかかってきて、小ぜり合いとなり、双方数人の負傷者が出た。

これらの挑発行為には引きこまれるなと皆を制止し、テニスコートに移動、団結集会を開いた。見るに見かねたのだろうか、西村彦根警察署長は夕方彦根工場に出向き、会社へ「暴力団としか思えぬ人夫たちが参加するのは労働争議の不当介入になる」と注意したという。

しかし会社側は夜になって下村組の人夫を使って、正門を金網や鉄材を使って厳重に閉鎖した。

■六月十四日

正門にトラック横づけて締め出し作戦

この日も新組合員は早朝より各所にピケを張り、労働歌を高歌した。すると九時過ぎに会社側は下村組の人夫を使って正門内側にトラックを横づけにし、応援してくれている外部労組員の立ち入りを阻止してしまった。またまた緊迫した空気となったが、下手に騒げば会社の思うツボだ。

新組合から会社へは

・工場正門を解放して、新旧組合員の別なく自由に出入りさせること

・全繊同盟オルグ二人を朝夕二回一時間ずつ工場内に入れるよう会社側が認めること

の二条件を持ち出したが、暴力事件の回避が先決だとして、これを一応タナ上げにされた。

また、会社側が応援の人夫たちを解散させるなら、労組応援隊もいつでも引き揚げさせると申し出たが、会社側は人夫全員の立ち退きにはなお難色を示した。

双方対立に地検が動く

夕方、夏川社長は彦根警察署の久米警備課長に警護されて、彦根工場重役室から中庭に出ようとしたとき、正門前で外部団体と労働歌を歌っていた女子新組合員がワッと社長の前に集まった。すると興奮した社長はいきなり女子新組合員佐藤セツコ、中路サヨコ、渡辺キクミの三人の胸ぐらをつかんだ。女子新組合員が柱につかまり泣き叫ぶのもかまわず、「まだやるか」と彼女らを柱に押しつけた。

これをみた女子新組合員は、一斉に〝暴力やめろ〟と連呼、社長は久米警備課長に制止されてやっと手を離し、裏門に待たせてあった警察の乗用車で大津地検彦根支部に行った。

実はこの労使双方が応援隊を繰り出し不穏な対立を続けているのは、治安上捨てておけないと、大津地検が彦根支部に夏川社長と全繊穴井オルグの出頭を求めたのである。そして会社側には下村組の人夫の退去、組合側には全繊オルグを除く海員組合など外部応援労組員の引き揚げを勧告したのである。

■六月十五日

正門に再びバリケード

スト九日目の六月十五日、前夜、大津地検彦根支部での協定にも拘らず、会社は朝九時半ふたたび正門にトラックを横付けし、工場各所には金網やロープを張り巡らせ、原綿梱包を山積みしたバリケードを下村組の人夫に築かせた。また事務所二階からは、

「全繊を撃退せよ」

「ウソデタラメの全繊をほうむれ」

などと大書きした三枚の垂れ幕を吊るした。

この事態をみた彦根署では、直ちに久米警備課長らが社長に面会、六月十四日夜に地検彦根支部吉川検事、彦根署、会社側、新組合側の間で取り交わされた協定に反すると、撤去方を申し入れたが、夏川社長は
「武装警官五十名を出動させ、暴徒から守ってくれと頼んだが、これに応じてくれないので、やむを得ず消極的防衛を行ったまでだ。これくらいならいいだろう」

と撤去を拒絶した。

◀正門に撒きつけられた鉄条網をクリッパーで切断する全織メンバー

▶女子組合員の協力で食事にありつく男子ピケ隊メンバー

事務所前には、
「当工場は第一組合と団体協約があり、第一組合を脱退したものは、直ちに解雇することになっている。この該当者に対し、まだ処分を保留しているのに、社長の人格をののしった歌をうたったり、会社の原綿の上に腰をかけ社の命令に逆らう者がある。これを改めなければ直ちに解雇する」
という主旨の工場長名での通告書が張られるなど、工場内はまた緊迫した空気に包まれた。

再三の勧告無視に実力突破

協約を無視している夏川社長に対し、大津地検彦根支部からもバリケード撤去を勧告したが、これに取り合わないばかりか、御用組合の女子約七〇〇名を中庭に集め、〝争議真相発表会〟を開いたのである。工場内で〝ピケ〟を張っていた一〇〇〇名の新組合員がスクラムを組んで、御用組合の女子を追い散らした。そして工場内各所に張られた原綿梱包のバリケードを突破、正門の内側へ押し寄せた。

これに呼応して正門外側にいた外部応援団体もスクラムを組み、

「バリケードをとけ」

と会社側に抗議したが、応じようとする気配がなく、応援隊のメンバーが大型クリッパーで正門に撒きつけていた鉄条網を切断、鉄扉を開き、さらに横付けしていたトラックを横倒しにしたことから、下村組人夫と小競り合いとなり、新組合・応援隊、会社側に軽傷者が出たものの、なんとか午後三時すぎに、バリケードは撤去され、正門は解放された。

会社側は、彦根市警に出動を要請するも、地検、警察の勧告を会社が無視したためだったので、

「会社側の挑発によって生じたと考えられるから捜査はするが逮捕はしない」

として、警戒にあたるだけで終始静観した。

そしてバリケードはやっと撤去され、正門は解放され、夕方になって夏川社長は地検へ
「十六日からバリケードは築かない」

と電話したと聞く。

■六月十八日

浅沼書記長が激励に

午後二時半右派社会党の浅沼稲次郎書記長が、新組合側激励のため彦根工場へ到着した。新組合役員の先導で正門から全繊西田県書記局長らと、中央広場の壇上に立った浅沼書記長は、新組合が提出している〝二十二項目〟をひとつひとつ挙げて、会社の非を徹底的に叩いた。

「外出の自由を阻止したり、結婚すれば転勤させるなどという夏川社長は従業員を奴隷と考えているのだ。こんな会社が日本にあるのかと私は今さらながら不思議に思う……」

マイク片手に汗びっしょりで熱弁をふるう浅沼書記長の姿に組合員は、大きな拍手を贈った。

女子寮の窓から顔をのぞかせていた旧組合の人たちに突然、書記長の鋭い声がとんだ。

「旧組合の皆さんも真剣にこれまでの工場の不自由な生活をふりかえってみて下さい。新組合とがっちり組んで解放へ闘う気持ちになりませんか」

会場を埋め尽くした組合員は熱烈な拍手で感謝の意を表し、スクラムを組んで浅沼書記長を工場正門まで送った。正門では市民と応援の組合員が一緒になって労働歌を高唱、闘う気力と感謝の念を表明した。

書記長はこの後、彦根市中央公園で開かれる滋賀県地評・彦根労協・全繊彦根支部・近江絹糸新組合主催の「近江絹糸真相発表県民大会」に出席のため移動した。

県民大会には、彦根市民をはじめ、米原町、長浜市など近隣市町からも大勢の人が駆けつけ、四千人を超す人々で、ぎっしりと埋まった。当時、これだけ大勢の人々が集まったのは例がなかったという。近江絹糸争議団関係からは西田八郎氏他、彦根支部新組合員女子六名男子四名の者が出席し、争議の経過と実情を訴えた。

近江絹糸の争議が多くの県民市民から注目され大きな支援を受けていることが明らかになった。

■六月十九日

食堂一旦再開されるも条件で紛糾

夏川社長が彦根工場に現れた六月十三日、市中デモ出発直前に卑劣にも食堂閉鎖を強行した。会社は主食の米など一食ずつ現金と引き替えに各自に支給し、自炊せよと通告してきたので、各自寮内において、自炊の形をとって食事をした。

食堂閉鎖は旧組合側も同様であったが、食堂附属施設の自由煮炊場の使用を認められていたため、新組合とはしっかりと差別されていた。

食堂閉鎖という天下の悪行は、一週間に亘って行われ、新組合は困難な状況に追い込まれたが、却って士気は高まり、団結は強化されていった。また、近隣の市民や労働団体からの差し入れもあり、炊事班を決めて自炊をしてきた。

しかし、いつまでもこの状態でよいわけはなく、六月十九日の午後に夏川浩社長秘書、藤田副工場長に食堂再開を申し入れたところ、了解され、新組合主導で夕食から食堂が再開された。しかしその後、新組合管理での食堂再開など条件問題で会社側の態度が硬化したため、新組合の争議対策本部員が大挙出動し、食糧接収の強行手段に出た。

■六月二〇日

食堂ようやく再開

同夜深夜から、新組合・旧組合・会社の三者で再び話し合いの結果、六月二十日午前五時半に至り、次の条件付で再開することに意見の一致をみた。

①食堂は新旧組合員とも給料より差し引く
②食事時間は、新旧両組合は別に行う
③食堂は、食事以外の目的に使わない

なお、同日の朝食は、新組合の管理で行われたが、「新組合管理はイヤです」と依然自炊する旧組合側女子も一部いたため、新組合は午前十一時食堂管理を解除した。

■六月二十四日

滝田實全織会長彦根へ

初期の段階から争議の全面的支援を受けている全織同盟の最高責任者である滝田会長

が、争議の責任者として新組合を激励するため彦根に来場された。

新組合では会社側に対して示威行動を示すためにも、工場正門に出迎えの体制を整え、事務所前広場周辺中心に集合体制をとった。

滝田会長を中心に隊列を組んで、広場内を行進して決起集会会場のテニスコート場内に案内した。

すでに会場には、一五〇〇人の組合員が整然と待ち受けていた。工場正門より滝田会長を中心にスクラムを組んで気勢をあげながら力強く会場のテニスコートに到着した。

工場を囲むコンクリート塀越しには、多くの市民が押し掛け、支援者用に臨時に仮設した柵越には、支援労組の組合員や一般市民の支援者でぎっしりとあふれていた。

滝田会長とともに同行の全労会議和田春生書記長を全員が大きな拍手で迎えた。

私の方から滝田会長と和田全労書記長を紹介した。

はじめに滝田会長から厳しい会社の監視の目をくぐり抜け、強烈な弾圧をはね返して決起し、新組合を結成したことに対し、

「この争議は、全繊同盟も長きに亘って支援してきた経緯もあり、全繊同盟三十二万人の仲間と一緒に全組織をあげて全力で近江絹糸に自由で民主的な組合が誕生するまで支

援する。勝利の日まで、諸君の要求が実現するまでしっかりと団結を固めて頑張り抜こう。どんな困難があろうとも、一緒に闘い抜こう」

と、争議の最高責任者としての心温まる激励の言葉をいただいた。

また、演壇上でくるりと身体を後向きに変えて、決起の激励集会に集まっている新組合員を支援しようとコンクリート塀越しにつめかけていた市民や、支援労働員に向かって、深く一礼して、

「私がこの近江絹糸の労働者の争議を全面的に支援している全繊同盟の会長の滝田實です。

この近江絹糸の労働者の自由と人権を守るための労働争議には、大変御迷惑をかけておりますが、経営者の無理解と抑圧で苦しみ、厳しい闘いを続けている近江絹糸の若い労働者に対しまして、ご理解ご支援をいただきますようお願い申し上げます。

私ども全繊同盟では全国の組合員が一丸となって全力で応援しております。近江絹糸の労働者が自由で世間並みの生活ができるよう支援して参ります。

私はその責任者として全力で頑張りますので、どうか彦根市民の皆さまのご支援をよろしくお願いします」

と、心の底から切々と支援の挨拶をされた。

高塀によじ登って滝田会長の訴えに耳を傾けていた市民や支援の組合員は熱烈な拍手を送って滝田会長の話に同情と賛同の意をもって応えた。

私は、この情景を目のあたりにして、感動で身体のふるえを止めることができなかった。そしてさらなる闘志が湧きあがってくるを覚えたものだった。

責任者たるもの、とくに労働運動のリーダーたるものの姿勢について、深く胸に焼きつけることとなった。

以来、この時の情景を一時も忘れることはなく、自分にとって労働組合のリーダーとしての手本となった瞬間であった。


長期戦に備え、規律正しい生活へ士気を鼓舞する

新組合は全繊同盟との合同戦術会議を開き対策を練った。

長期戦に備え、中だるみを警戒、規律正しい生活を行い士気を鼓舞するため、服装は、白シャツに黒のズボンを着用し、〝団結〟〝要求貫徹〟の文字を書いた白地鉢巻を励行するほか、起床は午前六時、就眠は午後九時を守り、一日のスケジュールの計画的な実施をはかるとの方針を申し合わせた。

また、会社側の手先となって看板を塗り変えた旧組合の七項目の要求を同夜、会社側が全面的に呑んだので、旧組合の性格認識を徹底させ、まどわされぬよう二十五日朝からこの点に重点を置いて啓蒙をはじめることにした。

■六月二十五日

社会党河上委員長、横倒しのトラックの上から熱弁

この日、河上委員長を迎えた新組合は感激に熱狂した。

午後一時半から女子寮内テニスコートで開かれた新組合の歓迎大会には、このほど結成された外町工場新組合二十五名も加わり、一六〇〇人の拍手に迎えられた河上委員長は、

「必勝に燃えている諸君の至情を目のあたりにして、私は泣いている。長い労働争議史を通じ、これほど全国的な支持を受けた争議はかってない、諸君は必ず勝つ。また勝たねばならぬ」

と熱演。

寮の窓からのぞいていた旧組合員に対して、

「正しい戦いの陣営に加わって下さい」

と呼びかけた。

歓迎大会後、同行の滋賀県選出の矢尾代議士、朝倉新組合支部長らと先頭に立ってスクラムを組み、工場内を整然とデモ行進、正門前で会社側バリケードの名残りのひっくり返されたままのトラックの上に立って、

「諸君のこの盛り上る力で勝ち抜いて下さい」

と、声をふりしぼっての別れの挨拶に、新組合員は万歳を三唱して気勢をあげ、労働歌を高唱して手を振って見送った。

また、この日は全繊同盟闘争本部が資金カンパの一部で市内二映画館を借り上げてくれ、新組合員は午前、午後の二回に分かれて映画「雲は天才である」「地獄門」を鑑賞した。集団レクレーションといえば、運動会だけだった一同は大喜びで労働歌を高唱しながら行き帰りした。

■七月三日

圧死事件の慰霊祭

昭和二十六年六月三日、新入者歓迎映画会で火災がおこり、逃げようとする従業員二十三名が階段で折り重なり圧死、二十三名の犠牲者を出した事件は今回の争議の遠因のひとつであった。命日から一カ月後の本日、新組合員主催で慰霊祭を執り行い、霊前に勝利を誓った。

■七月六日

七夕に願いを託して

争議の最中に七夕とは…と思われる向きもあるかもしれないが、これは少しでも安らぐ催しをと、女子組合員が企画してくれた。各自が短冊に「勝利」を願い、書き込み祈った。

▲全織滝田会長と全労和田書記長が来場

▼七夕の竹と組合旗を立て、明るく振る舞う、女子組合員

■七月八日

ロックアウトは会社側に有利な判決

近江絹糸彦根工場が六月十三日大津地裁彦根支部に申請した新組合員の作業場立入禁止仮処分について、会社側申請の立入禁止区域（男子寮を除く全地域）は、女子寮や食堂が作業場でないとの見解から、一部除外されたが、問題の正門や作業場はすべて作業場地域と認められ、

一、その地域は、会社及び被申請人（新組合員）の占有を解き、大津地裁所属執行吏の保管に移す

二、被申請人はその地域内に立ち入ってはならない

三、執行吏は申請会社から請求があった時は、保管の土地・建物並びに施設の使用を許さなければならない

として、会社側に有利な判決となった。

また、被申請人らは温和な説得以外の方法で人の出入及び物品の搬出入を妨げてはならないとされ、立入禁止境界線のはっきりしない中央広場などは、執行吏の手で高さ四

▲木柵でロックアウトされた工場正門前。正門外側の道路でピケを張る新組合員

▼工場内でピケ交代をする新組合員

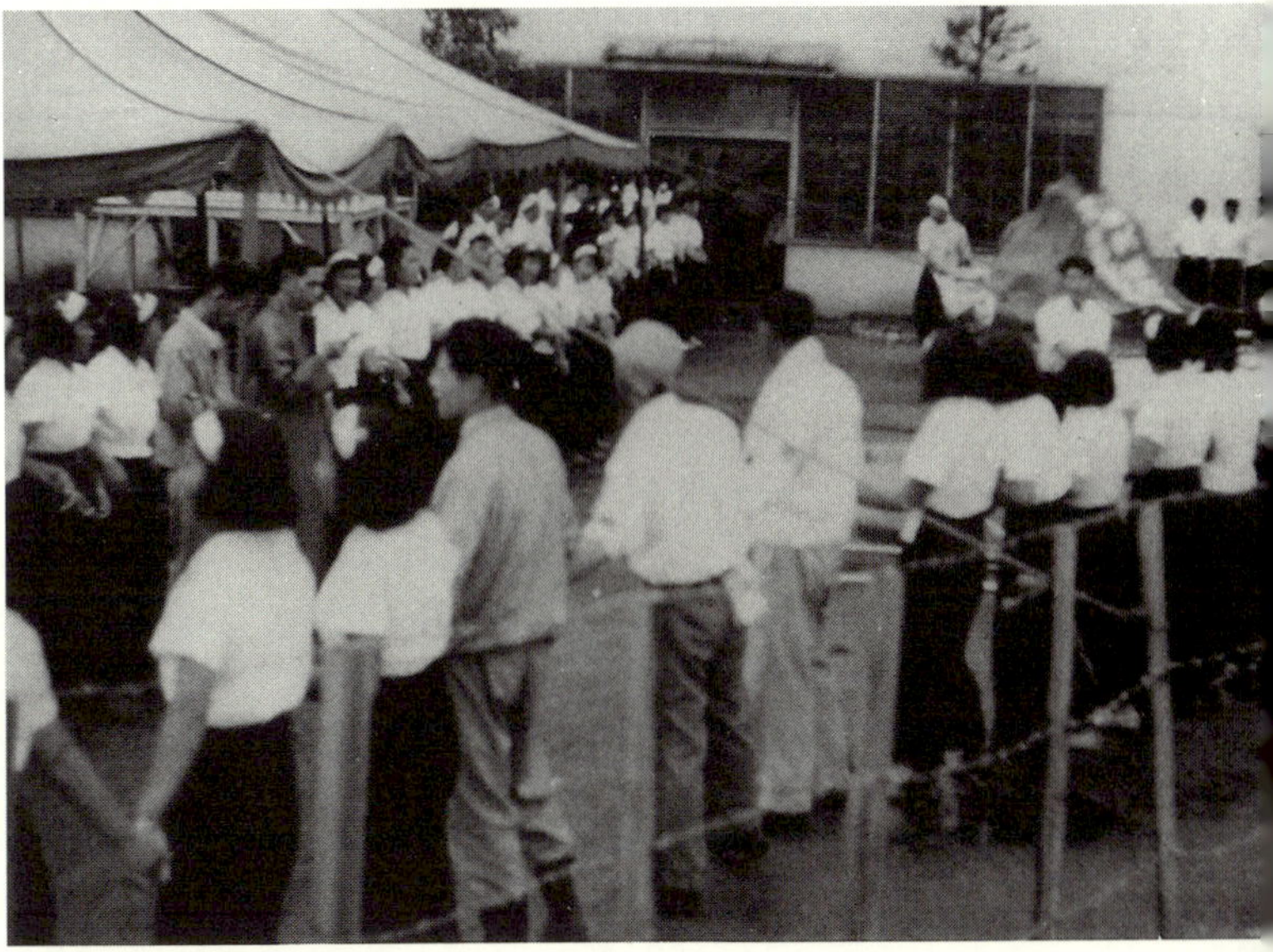

尺の〝柵〟が設けられ、また、食堂や女子寮出入りのためには、域外の裏門や非常門が開放されることになった。

会社側弁護士は即日執行手続きをとった。また会社側は、近く旧組合員による操業を再開すると決めた。

これに対し新組合側は判決を不服とし、即日大阪高裁へ抗告する手続きをとるとともに、〝ピケ〟を一段と強化し、正門出入り者にはいちいち身分を聞きただし、作業場が執行吏の手に移っても強い〝ピケ〟で旧組合員の就労を阻止すると結束を固めた。

■七月十日

区域設定の執行

早朝から新組合では、正門前の〝ピケ隊〟を増強して執行吏の来るのを待ち受けた。工場には「裁判所」用と書いた紙をはりつけたトラックが入り、マイクで位坂平吉執行吏がややふるえるような声で処分執行の目的と執行手順を公表した。

公告の立札に貼られたガリ版刷りの地図にかかれた立入禁止区域をみて男子組合員た

ちは、

「正門を出たら、もう工場に入れない」

「食堂にいけなくなるが、われわれを餓死させるのか」

と口々に叫び出し、女子組合員も
「通用門は表口だけだから、私たちは寮に軟禁されたと同じじよ」

と言い出した。

位坂執行吏は地図をあけ、禁止区域の矛盾を知り、あわてて会社側と相談していた。

実は、彦根工場は周囲を高い塀に囲まれて出入りは正門と決められていた。それにも関わらず正門をロックアウトすれば、寮の出入ができないのは当たり前である。

そこで執行吏が
「テニスコート付近の非常門をあける」

というと、

「執行吏は裁判官が決めたことを変更できるのか」

と新組合員は食い下がり、執行吏は冷汗の態であった。

また、中庭に木柵をつくり出したが、ここでも通路がなく、藤田副工場長が

「出入りが出来なくなるから通路をつくってほしい」

と執行吏に相談を持ちこんで、またまた新組合員が詰め寄り、矛盾の多い区域設定の判決は皮肉にも新組合員の笑いの〝タネ〟となった。不利な処分がいま行われても、大阪高裁の控訴判決によって現状はくつがえされるという自信をもっていたため、極力立ち入った言動はやめ、区域設定の執行に、大きなトラブルは起きなかった。

旧組合員による操業開始か？

争議から一ヵ月が過ぎ、会社側では旧組合員による操業の準備を始めた。

しかし、このままでうやむやにされてはならじと新組合では正門や各通用門の外側でピケを固めて、会社側や旧組合員の入場を阻止することにし、ピケ隊で柵という柵を全て固める作戦をとることにした。

一方、旧組合員側は午前九時から中庭で大会を開き、九日に執行委員会で決めた「ピケを強行突破しても就業する」との提案を協議したが、

「われわれも労働者だ、御用組合から脱皮したわれわれ組合が同志の〝ピケ〟は破れない、就業の業務命令を拒否して御用組合でないことを証明すべきだ」

と反対の意見も出て紛糾し、結局執行部に一任することにしたようだ。

■七月十三日

財界あっせん役も匙を投げる

会社側は旧組合員だけで操業できると石炭約六十トンを積み込むなど準備を進めていた。ところが、旧組合員は前述のように新組合との衝突を避けようという意見もあり、内部分裂の有様で旧組合による就業もかなわなかった。

また同日は小坂労相から近江絹糸争議のあっせんを委嘱された、千金良三菱銀行頭取、堀勧銀頭取、岸同和鉱業副社長の三氏が朝から会社側に対し、最終的勧告を行った。ところが会社側は〝ピケライン〟の撤去を要求し、午後三時話し合い拒否を申し入れたため、あっせん役の財界三氏はこれ以上のあっせんを続けることが困難であるとの結論に達し、小坂労相宛、あっせん辞任を申し入れた。

新組合では、女子組合員、全繊、会員組合などの応援労組も含めて徹夜〝ピケ〟を続けた。

■七月十四日

保安要員のみ工場入場

この日の朝、会社側は全繊代表と交渉し、午後から保安要員として、藤田副工場長以下九十八名の社員、工務関係者だけが入場できることとなった。工場関係者は機械の手入れを始めたものの、操業停止から一カ月、梅雨でサビの出ているところもあるということだった。

■七月十九日

労働基準局動く

一カ月以上経っても進展をみない争議の最中、いよいよ労働基準局が労基法違反容疑の捜査を決行した。前日からの大阪本社に引き続き、十九日早朝には各工場での捜索が開始、彦根工場では競争をあおることで長時間労働へと追いやった「真剣週間の規定綴」、舎監が隠していた寮生への信書約千通などを押収した。

ロックアウト仮処分の執行取り消し

この日にもうひとつ嬉しいニュースが入った。それは七月八日大津地裁彦根支部が下した彦根工場に対する〃立入り禁止・占有排除〃の仮処分の判決を、大阪高裁へ控訴、執行停止を申請していた案件について、「控訴審が決定するまで執行を取り消す」と新組合側に有利な決定を下したのである。

この朝、大津地裁彦根支部、位坂執行吏は、新組合五十名の協力で〃ロックアウト〃区域境界線の木柵取り除き作業を開始。午前九時には、完全に撤去した。鉄条網で区別されていた工場内は再び〃ロックアウト〃以前の広々とした姿にもどった。

撤去作業を終わった位坂執行吏は、新組合員がつめかける正門前で「大阪高裁の決定で立入り禁止、執行吏保管の仮処分は解消された」と宣言。

集まった新組合員約五〇〇余名は「ウワーッ」と歓声をあげ場内に雪崩れ込んで事務所前から中庭のテニスコートまでスクラムを組み〃ジグザグ〃行進で気勢をあげたものだった。

中庭テニスコートで集会を開き、西田八郎全繊県支部書記長が、「執行停止で柵は完全に取り払われた。われわれはこの機会を勝ち抜く決意と団結を固めよう」

と激励の挨拶を行った。

■七月二十一日

中山中労委会長　彦根工場を視察

公用車で彦根工場に到着した中山中央労働委員会会長は、同行の西村関一地労委会長代理らと共に、正門に待機していた全繊・新組合の担当者の案内で、中庭に仮設されている新組合事務所を訪問。待機していた朝倉支部長等から、新組合が主張している要求についての説明に耳を傾けて、人権争議の実態について聞いた後、彦根工場の仏間に向かわれた。

正面の仏壇を眺めながら、中山会長は人権争議勃発の遠因となった「仏教行事」の現場に関心をもたれ、会場内を隈無く目を移しながら、多くの質問をされた。その後、建

▲彦根工場仏間を視察する中山中労委会長

物正面に位置する窓際に立って、工場の全景を見渡しながら「スト決行中」で操業が休止している情景を頭に入れられている様子だった。

中山会長との話し合いは、短時間であったが、寄宿舎内での「仏間行事」や「仏教の強制」などを説明した。中山会長の言葉の端々に若い誠実な労働者に対する無理解な経営者への批判と苦言が伝わり、労働争議解決への熱意と誠意を感じとることができた。

■七月二十六日

中労委が休戦団交予備会談のあっせん案提示

中山会長が彦根工場訪問から五日目の本日、中央労働委員会が次のあっせん案を示した。

一、この会談期間は、五日間とし、この期間中は次の休戦条件を実施する。

二、争議解決のため労使双方各三名、中労委公益委員一名、同あっせん委員長が指名する全繊同盟代表一名の計八名で会談を開く。

①組合は〝ピケ〟を解く。会社は従業員以外の者を、また、組合は組合員以外の者

を工場施設外に退去させ、労使双方とも相手方を刺激する行動を避ける。
②会社側は物資の搬出入を行わぬ。
③労使双方とも組合員獲得のための説得はしない。
④会社は、操業を行わない。ただし組合は機械類の保全について協力する。
⑤給食は現状通り続ける。
三、この休戦条項の実施監視は各地元の地方労働委員会会長（または代理者）が当たる。
このあっせん案については翌二十七日、諾否のみの回答を求め、いずれかが拒否した場合は、団体交渉を開始することとした。

■七月二十七日

労使共団交予備会談に受諾

新組合は、午前九時三十分から東京全繊同盟本部で現地代表者を交えて対策委員会を開き、十二時に中労委提示のあっせん案の受諾を決めた。

一方会社側は各工場長に連絡、在京の重役陣と相談の結果、夏川社長は全繊同盟の団交参加に強い不満を表明していたが、この機会をのがすと解決の手がかりを失うとして受諾を決め中労委に回答した。

そして八者会談の出席メンバーは次の通りと決まった。

組合側　全繊滝田会長、渡辺組合長、木村書記長、平野執行委員

会社側　夏川社長、中村弁護人、高馬常務

公益委員として中山中労委会長

■七月二十八日

休戦前の組合員加入合戦

団交予備会談を控え、彦根工場では、新旧両組合の活発な動きとともに、地労委の事前準備も行われて〝休戦迫る〟を前にあわただしく動いた。新組合は休戦とともに禁止される説得戦を前日に続き最後の馬力をかけて展開の結果、夕刻までに五十一名が加入、前日の三〇〇名と合せて二日間で三五一名の加入者を獲得した。また、これに対し

旧組合も切り崩し戦に出て、新組合からの脱退者が二十七日夜には十三名、二十八日には十四名と計二十七名になったと発表した。この結果、新組合は二〇七〇名、旧組合は七一〇名の陣容となった。

新組合は午後六時、二日間の新加入者を迎え、休日前最後の決起大会を開き、同日朝東京から帰ってきた朝倉支部長が中労委の休戦あっせんについての経過報告を行った。

■七月二十九日

五日間休戦で一斉に〝ピケ〟解く

約二カ月にわたる争議も中労委のあっせんが功を奏し、午後一時から東京駅構内ステーションホテルで五日間にわたる解決の第一歩である予備会談が開始された。この朝、大阪本社をはじめ各工場では休戦五条件の監視の責任者、各地労委監視委員立会のもと、五十数日間戦ってきた組合側の〝ピケライン〟はつぎつぎに解かれた。

彦根工場では午前六時三十分、正門前で女子組合員を中心に〝ピケ隊〟五十余名がテントをはずし、直ちにスクラムを組んで労働歌を高唱。応援団体もこれに応えるうち、守衛詰所のラジオが午前七時の時報を告げた。

この時滋賀県地労委森順次公益委員（滋賀大学教授）によって休戦が宣言され、十二カ所の〝ピケ〟が一斉に解除された。新組合と応援団体の組合員とは、正門を隔てて別れの挨拶を交わしてお互いに励まし合い、手を握り合った。

「さようなら、最後まで戦いぬいてください」

「ありがとうご苦労様でした」

女子組合員たちは、争議以来苦しかった五十余日を振り返り感きわまってハンカチを目にあてていた。

■八月二日

休戦の二日間延長と団交

午後に行われた最後の予備会談で、中山会長が「あっせんによる団交と二日間の休戦延長案」を提案し、労使双方が同日夕方にそれぞれ受諾。中山会長はただちにあっせん活動に入った。

同夜八時からあっせん委員会は、全面的な争議解決を目指すあっせん案作りに入り、翌日午後には、回答期限付きで労使双方に提示されることになっており、このあっせん案を労使双方が受諾すれば争議は解決に向かう。あっせんは大詰めに近づいていた。

中山会長は、話を軌道に乗せるため、前回の会談で決めた組合の十一項目の要求、これに対する会社側の十三項目の意見を取り上げることに決め、二時半から交渉を再開した。

席上、中山会長は、

①今回の休戦協定を二日間延長すること

②団交について、中労委あっせん委員会を開き、三日午前中に団交についてのなんらかのあっせん案を出す

③団交に全繊代表者を入れるか入れないかについては具体的な問題ごとに決めるの三項目の提案を行って散会した。

これに対し、労使双方も受諾した。

八月三日に提示されたあっせん案

一、会社は全繊加盟の近江絹糸労組を相手として労働協約を締結すること。その内容は会社、組合の団交により定めること。

二、六月三日付組合要求二十二項目中、人権に関する事項については事実の確認、主張の是非についてなお諸機関の判断に待つべきものがあるが、問題の性質上会社は社会の批判を招くことがないよう善処すること。その他の労働条件については双方の団交で解決すること。ただし本組合(新組合)以外の組合に対する解散要求は認めがたい。

三、組合は会社に争議中の未払いの給食費を支払い、会社は組合に給食、宿舎について生じた損害中理由あるものは支払うこと。

四、今次争議による犠牲者を出さぬこと。ただし刑事犯として起訴されたものを除く。なお配置転換などを行う場合はその基準について双方協議決定する。

五、争議中の私傷病者の弔慰見舞の範囲、金額について双方協議し労使折半を原則とすること。

六、会社は組合が専従者をおくことを認めること。

七、会社は報復手段として全部、または一部の工場閉鎖などを行わないこと。ただし将来工場閉鎖などを行う必要が生じた場合は組合と協議すること。

八、一年労働契約の組合員については契約期間満了後も会社は雇用を継続する可能性があるものは組合の希望を入れて格別の措置をとること。

九、会社は時間外勤務手当の不払いがある場合支払うこと。その額は双方協議すること。

十、現在組合員の生活困窮の実情と、将来の労使協力の実を上げるためには中労委、会社、組合三者間で協議すること。

十一、翻案中の事項で協議が整わぬ場合、地労委または中労委のあっせんで解決すること。

十二、翻案が双方で受諾されたときは会社、組合及び全織三者により調停書として調印する。

■八月四日

三者あっせん案を受諾

この日会社は、重役会では大義名分は組合に譲っても、内容の点では会社の意向が尊重され賠償協約など重要問題は今後の交渉に委ねられているので受諾と決定。午後三時半、夏川社長自らが中山会長を訪ねて全面受諾を回答した。

組合側も同日朝十時から中労委で現地の責任者を加えて合同対策委を開いた。あっせん案は抽象的な表現に終始しており、組合側が十分満足できるものではなかったが、執行委では今後の団交で優位をかち取るとしてあっせん案受諾を午後五時に決めた。ついで同六時中山会長立ち合いで、会社・新組合・全繊同盟三者により調印を行った。

彦根の新組合では、午後から執行委を開き、操業しながら会社と団交をもつのは不満だが、本部の受諾を認めて、今後は本部の指示に従うと決め、マイクで全組合員に報告した。

■八月九日

団交は両者譲り合わず、決裂

八月六日より団交が始まったものの、示されたあっせん案の協議以外の部分で主張が対立した。たとえば七日十時にピケラインを解除するとの確認書が交わされたにも関わらず工場入門阻止や製品出荷を妨害している工場があるため団交に応じられないと会社側。新組合からの自主的就労申し入れに会社側は拒絶というように、平行線をたどり、ついに九日の第三次団交で決裂してしまった。

ピケ強化と就労闘争へ

連日東京で争議指導上層部の交渉の実態について、争議現場にいる新組合員等は情報不足とともに、その戦略・戦術についての理解不足があったことは否めなかった。

七日の夕方に上層部からは「就労闘争をの態勢を確立せよ」と指令が入り、再び〝ピケ〟を強化し、八日には組合旗を先頭に約一〇〇名が正門に出て十一日ぶりにスクラムを組み出荷拒否の気勢をあげた。

丁度この日会社幹部から新組合に出荷の要請があったものの、新組合はこれを一蹴し、デモに出た。ところがそのスキを見計らって、会社は日通トラックで絹紡糸搬出を強行しようとしたのだが、運よく新組合への応援にきた外部団体がこれを阻止し、出荷は止めることができた。

九日の団交決裂後、新組合は、全工場新組合支部に「八月十日午前五時から実力をもって職場につけ」との指令を出した。

■八月十日

工場の電源スイッチ切られる

彦根工場では前日本部からの「就労闘争」指令を確認し、女子組合員約七〇〇名と男子寮生組合員約五十名が午前四時半ごろから続々、人繊作業場広場前に集合し、午前五時を期して「カギ」をかけていなかった絹紡作業場裏口から入場、同六時半までに、人繊、梳毛の三作業場に全員入場した。

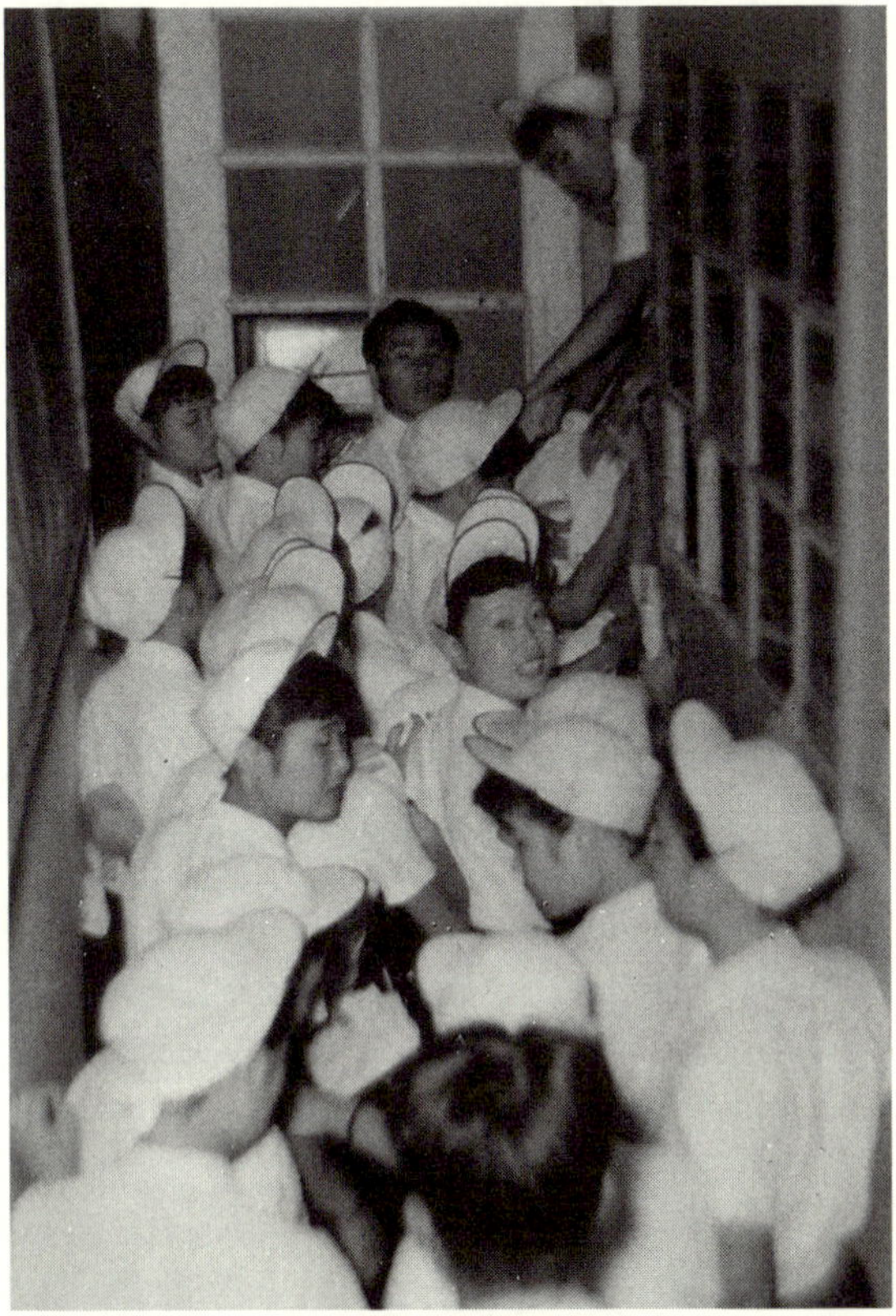

▲就労闘争に突入。鍵のかかっていないところを見つけ、入場する新組合員

ところが会社はこれを阻止するため、電源スイッチを切ったのである。新組合員はまずは機械の「サビ」落としなどに従事した。

■八月十一日

工場入口に南京錠で締め出し

就労闘争第二日目も朝五時昼番（C番）先番の男女新組合員約七〇〇名が前日に引き続き絹紡・人織・梳毛各工場に入場しようとすると、前夜から旧組合の工場担任者ら十三名が警備に就き、一夜がかりで各工場入口十数カ所を二寸角材で打ちつけ南京錠をおろし入場を阻止しようとしていた。警備をしていた旧組合前委員長森担任者を新組合員約十名で取り囲み強固に抗議し、南京錠を外して入場した。しかしこの日も電源は切られていたため操業は出来ず、前日同様機械の掃除に専念した。

全織同盟第九回定期大会開かる（新潟市にて）

新潟市で開催中の全織同盟第九回定期大会では、全織同盟三十二万人が全組織をあげて支援し、その中心となって闘っている近江絹糸争議に対し特別報告が行われ、超満員の組織組合員から重大な関心を呼んだ。

全繊大会開催直前、会社は、中労委あっせんにもとづく団体交渉の開催を拒否して決裂させるという異常な事態に併せて、新組合幹部九名に解雇通告するという挑戦的態度をもって、新組合側壊滅を企てる行動に出ていた。全繊大会での近江絹糸新組合支援の盛りあがりは最高潮に達し、全繊中央執行委員会は夏川社長の退陣を要求して徹底的に闘うことを決めた。

具体的な対策として、

一、日経連繊維協会へ夏川社長の除名を要求する

二、会社（近江絹糸）に対し、綿割当の停止を政府に要求する

三、近江絹糸争議とくに人権問題をＩＬＯに提訴する

四、全世界に訴えて長期闘争資金を確保する

五、近江絹糸新組合員一人当り二五〇〇円の生活資金を支給する

を確認した。

■八月十三日

中労委あっせんを打ち切る

近江絹糸争議のあっせんを続けてきた中労委であったが、第二次あっせん案を労使双方が拒否したことから同争議のあっせんを一応打ち切ることを決定、これによって争議は三転、激しい闘いに入った。

すでに近江絹糸七工場はそれぞれ〝ピケライン〟を張って闘争態勢に入った。

■八月十五日

彦根工場〝ピケ〟続行

彦根工場ではその後も何度か会社が人夫を雇って製品の強行出荷を行おうとしたが、正門を始め工場内十数カ所に配置した〝ピケ隊〟及び全繊等の応援部隊の協力も得てこれを阻止、徹夜のピケを続行した。例年の催しである八月十五日の「盆踊り納涼大会」「宝探し」などの娯楽行事は取り止めた。

夏川社長が帰彦

早朝、夜行列車「銀河」で夏川社長が単身帰郷、新組合の目をかすめて清光寮に入り、遠藤事務部長から製品出荷問題について報告を受けた後、後三条町長久寺境内にある夏川家の墓参りをした。その後、自動車で再び彦根工場にやってきたが、〝ピケ〟で入場阻止したため、社長は工場の外側を一周しただけで大阪へ向かった。

全繊へ二〇〇〇万円融資

全繊同盟・全労会議・右社党の首脳は東京麻布の全労会議本部で近江絹糸争議対策について協議し、全労から全繊に対する二〇〇〇万円のつなぎ融資をはじめとする資金・組織対策及び三者から成る合同戦術会議の設置などを決め、夏川打倒まで徹底的に闘う次の方針を決めた。

一、基本方針

組織をかため、資金面を充実し、夏川打倒のため実力をもって徹底的に闘う。株主・政府への要請、ＩＬＯへ提訴などは、あくまでこの本筋の闘争を成功させるための促進手段として活用する。

二、資金対策

①全繊同盟の計画した生活資金一人当り一五〇〇円に五〇〇円を追加し当面二〇〇〇円を新組合全員に支給する

②これに要する資金は、全労会議、右社党その他友好団体の手で調達する

③全労会議は八月十七日までに全繊同盟に対し、二千万の継ぎ融資を行う

④さらに争議の長期化に応じて資金計画を推進する

三、組織対策

①七工場へオルグ団、労働講師団を派遣する

②従業員を多数出している鹿児島、熊本、宮崎、愛媛、青森、岩手、山形、宮城、長野、新潟、秋田、福島、山梨、群馬、福井、島根の各県で、右社党・全労・全繊同盟共同で真相発表、家族連絡の強化資金カンパを行う

③名古屋市その他で真相発表市民大会を計画する

以上各項の推進と政治的・法的・国際的対策について全労・右社党・全繊同盟との間に近江絹糸争議合同戦術会議を常設的にもち随時対策を協議する

■八月二十三日――

新組合幹部に解雇通告乱発

八月四日に第一次あっせん案を受諾し、争議解決に向けての団交中の八月五日以降、会社は新組合幹部に対し、次々と解雇通告を内容証明書で郵送、八月二十二日現在、その数は三十名に達した。新組合はこれらを会社へ返上するとともに、不当労働行為として各地労委に提訴の手続きを取った。

会社側のこうした行為は早期解決を望むものではなく、依然として力によって押さえつけるという考え方を変えていなかったのである。そこには人権争議が勃発したことに対する反省は何らなく、労働者いじめの労務管理を改めようとする姿勢もなかった。争議長期化の主原因は全て社長の人間性無視策にあると言わざるを得ない。

労基局―近江絹糸幹部を送庁

この日の朝、滋賀労働局は夏川要三彦根工場長・浜原長浜工場長をはじめ幹部十名を大津地検に九項目の労基法違反容疑で送庁した。

容疑内容は、女子従業員の深夜業・年少者の危険作業などで、同局では七月十九日早暁の一斉手入れ以来、三十五日間に参考人として事情聴取した者約六〇〇名、地検に送りこまれた証拠物件・作成調査などはトラックにギッシリ一杯分に達した。

今後も判明し次第送庁、または勧告する意向をみせており、地検検事は

「今回は去る二十六年六月の女子従業員圧死事件にからむ同工場の労務管理不備の疑いで送庁されたものより莫大なものであり徹底的に調べあげるつもりだ」

と語っている。また二宮滋賀労働基準局長は

「こんどの鑑査でこれだけ送庁出来たのは新組合が出来て労働者の立場を強く主張してくれたからであり、従来のような会社ではおそらく出来なかったと思う」

とのコメントがあった。

団交方式で対立

中労委のあっせん打ち切りで暗唱に乗りあげた争議を軌道に乗せようと、全繊同盟は八月十九日、夏川社長に対し、八月二十三日午前九時までの回答期限付きで団交再開を申し入れた。しかし、会社側は二〇日、

「八月四日中労委第一次あっせん案を基礎に中労委を会してであれば団交を再開する用意がある」

と回答をしてきた。

全繊は直ちに在阪中の滝田会長と連絡協議した結果、組合の申し入れの主旨は

「第三者を入れない通常の団交で、条件付きの回答は拒否する」

との態度を決め、会社側にこの旨を通告した。

組合が会社側に申し入れた条件は、

一、結婚の自由、外出の自由など二十二項目を認めること

二、夏川社長の退陣

三、一年契約労働の撤回

四、交渉委員は、全繊三名、新組合五名、オブザーバー十名以内
　　会社側・夏川社長を含め八名、オブザーバー十名以内

五、団交場所は近江絹糸東京営業所

この労使双方の申し入れ及び回答はいずれも相手方の意向の打診的なものであるが、双方とも早急に事態を収拾したい意向が強く動いており、会社側の正式回答にはまだ、

二日間の猶予があるため、会社側ではさらに全繊申し入れを再検討して、期日までにさらになんらかの回答するものとみられている。

彦根工場での動向

長期化する争議のなか、盆帰省の時期が重なり、帰省即退社という動きも底流にはあったが、新組合員の大勢はここまで頑張ったのだから勝利まで闘い抜こうという機運が盛り上がっていた。また会社側がだんだん追い詰められている状況も伝わってきていたので、団結を崩すことはなかった。一時帰省した人たちも故郷の多くの人から激励されて、新たな闘志を燃やして続々と帰社し、戦列に加わったものだった。

■九月三日

堀田あっせん案で協議へ

丸三ヶ月に及ぶ近江絹糸争議はかねてから極秘裏にあっせんに乗り出していた近江絹糸の大株主である住友銀行の頭取堀田庄三氏により、労使双方が歩み寄っていると新聞で報じられていた。

七月中旬の財界三氏によるあっせんの際、夏川社長は突っぱねていたものの、全工場での長引く操業停止は資金がある会社といえども、さすがにこたえたはずである。そこで人夫を雇って製品出荷を度々目論んだものの阻止され、また八大銀行から無担保でうけていた四十三億円の単名融資についてはこの時期「担保権設定」を申し入れられていた。

これ以上争議が長期化すれば生産再開に支障を来すどころか、九月末には株主総会にも影響が及ぶ。そこでなんとか早い解決をと思っていた矢先、堀田氏からの声かけであったのだろう。夏川社長は堀田氏に争議解決のための総てを一任したのであった。

堀田氏は中労委中山会長・労働省斉藤次官、全繊の滝田会長とも会見し、あっせん案を労使双方にそれぞれ提示した。

■九月八日

中労委あっせん案急ぐ

近江絹糸争議の早期解決のため、全織滝田会長、高山・越智同副会長、渡辺近江絹糸新組合長は、九月八日午後三時十分、東京芝の中労委に中山会長を訪れ、正式にあっせん申請を行った。

中労委はこの申請によって同日午後七時あっせん委員会を開き、再あっせんの対策を協議、つづいて九月八日午後八時から堀田住友銀行頭取、全織滝田会長・高山副会長・近江絹糸渡辺新組合長・夏川社長等を中労委会館に招き中山会長以下あっせん員が堀田氏のすすめてきたあっせん経過を聞くとともに、労使双方から事情聴取を行い、争議を一挙に解決するための深夜まであっせんを続行した。

■九月十三日

全織・あっせん案受諾

数日にわたったあっせん委員会の結果、全織同盟は九月十二日夜中労委から提示されたあっせん案の諾否について検討した結果、満場一致で受諾することを決定。

この決定をもって、下部討議と説得のためそれぞれオルグに出発し、九月十四日現地討議のうえ九月十五日東京で緊急中執委を開いて正式態度をきめ、同日中に中労委に回答することとなった。

あっせん案

一、近江絹糸紡績株式会社（以下会社という）は全織加盟の近江絹糸紡績労働組合（以下組合という）を認め、これを相手として十大紡並の労働協約を締結すること。

二、組合要求十二項目中、信教の自由、教育の自由、信書の秘密、結婚の自由等人権に関する事項については既に法務省人権擁護局、労働省労働基準局等所轄諸機関により夫々人権侵犯の事実及び労働基準法違反の事実が確認せられ、これが是正方につき厳重な勧告がなされている事実に鑑み会社はこれ等諸機関の指示に従ひ具体的措置をとりこれを改めること。

又労働時間、賃金体系、時間外手当、退職金、休日、休暇等の労働条件及び懲罰その他人事条項並びに食堂、社宅、寮施設等福利厚生条項等については前号労働協約に於いて同業他社の実情を参酌し社会的水準に照し合理的に規定を設けること。

三、会社に数個の労働組合が併存して相争うことは労使関係の安定、社業の運営上望ましくないので成る可く速やかに遅くとも明年三月末日迄にこれ等組合が円満に統合されるよう労使関係当事者は互に協力すること。

右の組合統合が達成せられるまでは会社の従業員を本組合員のみに限ることは出来ないので、次の如きユニオン・ショップの協定を結ぶこと。

「会社の従業員（但し現在他の組合に所属するものを除く）は組合員でなければならない。

明年三月三十一日迄に若し新に入社する者があればその者が何れの組合に加入するかは本人が自由に選択する。

会社は組合より除名された者を解雇する。但し会社の業務に重大なる支障を来すと認められる場合は組合と協議する」

四、会社の従来の労務管理の在り方が、今次争議の重要な原因であるから会社は速かに労務管理の為の機構を整備拡充し社会的水準に従ひ労務管理方式を刷新すること。

五、一年労働契約の組合員については既に契約期限到来の者も明年六月までその雇用期間を延長しそれまでの期間に於て、これ等組合員の措置の基準につき労使双方協議すること。

協議調わざる場合は中労委の定めるところに従うこと。

六、今次争議による犠牲者は出さぬこととし、本争議を理由に不利益処分を行わないこと。

本争議と関連して既に行われたすべての解雇はこれを撤回すること。

但し刑事犯として起訴されて有罪の判決を受けた者を除く。

七、会社は既に行った工場閉鎖はこれを撤回すると共に本争議の解決に当って全部又は一部の工場閉鎖を行わないこと。

八、会社は労働協約締結まで仮に専従の組合交渉委員二十名及び本社並びに各工場毎に組合の仮事務所を設ける事を認めること。

九、会社は組合員の生活困窮の実情と将来にわたる労使協力の実を上げるため金五千万円を組合に支給し、給食、宿舎、病院等に関して生じた出費中理由あるものとして金五千万円を全繊同盟に支払うこと。

全繊同盟の責任に於て組合は会社に未払いの給食費金一千五百万円を支払うこと。

組合及び全繊同盟は本争議に関する一切の金銭的要求はこれを以って解決すること。

一〇、本案が労使双方より受諾せられたときは直ちに会社組合及び全繊同盟の三者によりこの斡旋案を協定書として調印すること。

一一、右調印の翌日より会社は操業を開始し給食を行ひ、組合は就労するものとすること。

一二、八月四日の協定書は右協定書によりおきかへられるものとすること。

■九月十五日

彦根工場でのあっせん案討議

スト突入から既に三ヵ月、ドロ沼と化した人権争議もようやく解決へと向かうことになった。しかし彦根工場ではこれまでに何度も力で抑え込もうとする社長のやり方を見ているだけに、また同じことが繰り返されるのでないかとの不信感がぬけなかった。また彦根にはまだ多くの社長親衛隊とも言うべき旧組合の古参幹部が残っており、社長は彼らを使って新組合への妨害を企てはしまいかという警戒心もあったため、あっせん案受け入れの態度決定は遅れた。

しかし、他の支部が次々と受け入れを認めるとの情報が届き、彦根工場だけが反対の態度をとることは絶対不利であると判断した。

今後は更なる団結を強固にして団体交渉に全力を尽くす決意を固め、あっせん案受け入れのため、同志への説得に当たり、同志もこの決意を受け入れてくれた。

■九月十六日

一〇六日間の闘争が終わる

労使双方が受諾した近江絹糸争議の中労委の最終あっせん案の調印が九月十六日東京芝の中央労働委員会会館で行われた。中労委からは、中山会長、中島公益委員、飼手事務局長ら、会社側からは夏川社長、西村専務、西川東京営業所長、組合側からは滝田全繊会長、渡辺近江絹糸新組合長ら四十余人が出席。また、中山会長の招請でこの争議のあっせんに尽力した堀田住友、千金良三菱、堀勧業銀行頭取と、岸同和鉱業副社長の財界四氏、組合側の要請で河上右社委員長、西村栄一、菊川忠雄両代議士も調印に立ち合った。

中労委のあっせん案をそのまま調停書に書き直し、これに夏川社長、滝田全繊会長、渡辺近江絹糸新組合長、中山会長の順で署名押印、調停書を労使間で取り交わした。

一〇六日間に亘って、自由と人権を守るため団結を崩さず血みどろの激しい闘いを頑張り抜き勝利を勝ち取った新組合に結集した、人権闘争の各支部の戦士は、東京での協定書の調印終了の報を受けて、各支部はそれぞれ争議が終了したことに対する安堵した気持ちのなかにも組合を新しく建設しようとする期待と新たな覚悟と決意をもって調印終了の報告を受け止めた。

勝利のファイア・ストーム

彦根支部は調印終了の報告を受けた直後、勝利大会を開き、全員で勝利を確認した後、午後九時から工場広場に全員が集まってファイア・ストームに移った。寄宿舎生活の抑圧の原点であった「鑑」手帖を持ち寄り、燃え盛る火の中に投げ入れて勝利の歓声を上げて自由を手にした喜びを分かち合った。全員が輪になってスクラムを組み労働歌を高唱して、連帯の絆を確かめ合い、夜が更けるまで闘いの労をねぎらい合った。

私は彦根支部を代表して東京の調印式の場面に立ち合った後、新組合本部各支部の出席者と共に夜行列車に飛び乗り彦根に向かった。

▲工場広場で火を囲み、勝利を祝う新組合員

近江絹糸人権争議終結の調印を終わって

自由と働く人の人権の確保を求めて決起した労働者に対し、頑迷な経営者の不誠意、苛酷な弾圧、卑劣な妨害を企ていたずらに解決の引きのばしを図ってきた経営者であったが、それらの行為を糾弾する圧倒的世論の前に抗しきれず、ついに中労委の第三次あっせん案を会社側が受諾したことによって、攻防激しかった労働運動史上歴史的な近江絹糸人権争議は、九月十六日に新組合の勝利によって終わった。

この人権闘争は、自然発生的に起こったものでなく、企業規模の拡大戦略のもとで、苛酷な労働環境のなか長年に亘って苦しめられてきた労働者の怒りが爆発したものであった。

その発端は昭和二十九年六月二日、近江絹糸本社従業員の有志が秘かに全繊同盟近江絹糸民主化闘争委員会と連絡をとり合い、二十二項目の要求をもって新組合を結成決起したことである。これに呼応して、六月四日岸和田工場の従業員が立ち上り、その直後、七日午前二時彦根工場が決起。またたく間に全事業所・営業所へと伝播していった。九日中津川工場、同じく富士宮工場、十日大垣工場、十二日津工場、二十六日名古屋営業所、六月二十八日東京営業所、最後に長浜工場へと広がった。その勢いは衰えることなく、防御に鉄壁を誇っていた企業側の防衛線を難なく突破して怒濤の勢いをもって結集した。

新組合彦根支部においては会社側に知られることなく、秘密裏に男子寮生五〇〇名を掌握したことであった。特に男子寮生には、日ごろ会社の労務管理に対して根深い不信・不満があった。また女子寮生にあっては、表面的には権力者の舎監に従いつつも、巧妙な長時間勤務、私物検査の定期化、信書の開封など積み重なる不満が爆発したのである。

経営側は、力づくで抑え込めば社会経験の少ない若い労働者はつぶせるものと信じていたようだった。女子寮生は女子寮舎監の権力によって抑え込みを行い、男子に対しては、職制組織で圧力を加えれば萎縮してしまうだろうと考えていた経営側の思い違いがあったのだ。

給料は支給しない、食堂を閉鎖して食事は提供しない、新組合に加入した者には工場内共同場所等の使用を区別して許可しないなど、新組合に加入しない者と扱いに差をつけた。また御用組合である旧組合の幹部や職制社員を抱きこむため、ビール、酒、牛肉のすき焼きなどを連日振舞い、懐柔策のかぎりをもって引き止めに狂奔した。

さらには〝ピケ〟破りと製品出荷強行のため、大阪・北海道方面から多数の暴力団を金で雇い入れ、〝ピケ隊〟の列に向かって鉄棒をもって突っ込み、多数の負傷者を引き起こしたり、製品出荷の強行を企て、その度毎に各工場で傷害事件を引き起こした。

また〝ロックアウト〟で新組合の締め出しを図るも、大阪高裁で取り消しとなったことは会社にとっては誤算であった。

争議が長期化したのは、会社側の親衛隊として旧組合に「テコ」入れしたことであった。これに応じて旧組合もいつまでも新組合に対して対抗意識をもって新組合への加入を拒否し続け御用組合として経営側を守ったことであった。結局経営側は旧組合に期待をつないで解決への努力に真剣に取りくまなかったことが長期化の要因であったと考えられる。

近江絹糸の人権争議は旧弊の労働管理・会社への制度を全て否定することからはじ

まった。そして会社の脱法行為の告発をもって遵法精神を貫こうとしたことであった。争議の実態そのものは、まさに集団的内部告発である。こうしなければ悪名高き近江絹糸の改革は成し得なかったであろう。そうしなければ労基法違反、労組法違反の実態は明らかにならなかったし、改革・改善はできなかったと思う。

それまでにも関係当局は事件、事故が起こる度に捜査・調査を行ったが、その実態を掴むことができなかった。結局近江絹糸の違法脱法行為は、争議という集団的内部告発によってはじめて実態を掴むことができたのであった。

人権争議は個人では不可能であったことが集団（労組）の力でもってはじめて可能であったこと、そしてそのことは個人を守り抜き集団（労組）が一切の責任を引き受けたことである。近江絹糸人権争議は集団（労組）の力で強い個人を生み出したことであった。争議によって強くなった近江絹糸新組合はこのことを基底において新組合づくりをしなければならない。

旧弊の労務管理、会社の制度を全て否定し捨て去ったのだから、新しい管理運営にももとづく新しい秩序、制度づくり規律を確立しなければならない。

労組の民主的運営の確立、寄宿舎生活の基礎となる民主的自治会をつくりあげなければばならない。

従業員（組合員）の社会性をもった教育制度の確立、物ごとに片寄った教育の排除、社会に通用する教育体制の確立。紡績労働者として、社会から底辺だと揶揄され続けられたことに奮発心の醸成、プライドを高めるための教育施設、機関の設置の模索など新組合づくりに当って争議によって強くなった近江絹糸新組合はこのことを基底において新組合づくりをしなければならない。

寄宿舎生活の悪弊の元凶であった舎監制度は廃止しなければならない。従業員（組合員）の研修、教育、例えば仏教教育の強制ではなく、社会性をもった全く新しい教えにもとづく体系をつくり上げなければならない。

企業内（会社内）の生活は会社内に閉じこめられたものでなく、社会性を備えなければならない。

個人の生活は自由が基本であるべきだが、新組合を守り育てることをベースにおくべきである。

新組合は主体的でその運営はあくまで民主的であって合議を基本として、創造的であるべきだ。

第二章

人権争議後の組合の歩み

新組合基礎づくりの時代

人権争議後、彦根支部として最も〝力〟をつくして、取り組んだ活動は、人権争議を闘い抜いた若い労働者個人個人の生きる力、能力を身につけることにあった。それは、当時の世相、社会的評価としては低い地位にあった紡績労働者の社会的地位を高めること、そのなかでも近江絹糸労働者に対しては一段ときびしい見方をされていたものだった。

このような社会的評価のなかで、各個人個人が社会的常識を修得して、人並みの社会人として自立する力をもつこと、善良な人間をおとしめる社会悪に対して毅然とした判断力をもつこと、何事にも自分の立場を主張できる人間となること、所謂長いものには巻き込まれない自立した人間になること、地域や所属する団体・グループのなかの旧い風習についても無批判な態度をとりつづける人間にならないこと。

できることならば存在感ある人間として他から尊敬を集められる人間になること。そしてさらには他人から後ろ指を差されるような人間にはならないこと。言葉を替えて言えば、人並みの普通の社会人として、人権争議を闘い抜いた誇りを胸に秘めて、強い人間として生きてもらいたいことを願って、人間づくりの学習の場としても施設、制度等の実現を経営側に求めることに最も強く取り組んだものだった。

新組合事務所設置

一〇六日間の近江絹糸人権争議終結の歴史的瞬間の場面を見届けた後、東京駅に直行し夜行列車に飛び乗り帰彦の途についた私は、明朝からの操業問題、新組合の活動と工場側との交渉など次から次へと、これからはじめて経験する事柄について思いを巡らしながら、連日の緊張と疲れで眠り込んでしまった。

「まいはら、まいはら」と放送する声に目覚め、眠気のまま慌てて下車、タクシーで彦根工場に帰場した。

すぐに留守役であった副支部長の前田淳氏、書記長の下村宏二氏らと打ち合わせをし、当面の段取りにとりかかった。

先ず最初は新組合事務所の確保であった。女子寮組合員を守る立場からA番寮舎とB

番寮舎の中間にある、中庭テニスコートに面した女子寮図書室、面会室を希望し、工場側と相談した。

当初工場側は女子寮への影響力を考えて難色を示していたが、我々の強引とも思える申し入れに臆したのか、了解を取り付け、すぐさま、机、イス、事務用器具など搬入して事務所の形態を整えた。

続いて、活動の中枢機能である執行部の整備について打ち合わせを行った。

当面は、闘争中の執行部体制を続け、調印後の新たな状況変化を考慮して、新執行部体制を整えることとした。

会社は旧組合残党を活用、巻き返しを図る

争議は終結したものの、会社側（工場側）は完全な了解の上での締結として飲みこんでいないこともあり、日常の具体的管理運営については、常に意見の食い違い、協定書に対する解釈の相違が発生し、労使の間にごたごたが絶えなかった。とくに会社側は都合のよいように考え強引に事を進めようとする態度をとり続けようとした。

油断すること、気をゆるめることはできず、その度毎に新組合として抗議の連続であった。少しでも手をゆるめたり、見過ごすことでもあれば、嵩にかかって攻め込もうとする態度は何一つ変わっていなかった。

会社側との関係、いわゆる労使関係は、常に〝力〟を持たねばならなかった。それでなければ会社側の企業権力でもって押しつぶされてしまう。労使のバランス均衡を欠いたとき存在感を失い、新組合の要求や要望、提言も無になってしまう。これが一〇六日間闘って得た貴重な体験であり、教訓であった。

あれほどは激しい闘いのなかで得たものだったが、終わってしまえば、そして時間が経てば元の木阿弥と化すことの恐れがあることを痛感する毎日であった。

あっせん案協定書調印争議終結後にあっても、依然として彦根工場には、旧組合（第一、第三組合系＝御用組合）員が夏川社長への忠誠心を守って相当数の残党が残っており、この連中の存在が厄介なことであった。

会社側は未だにこの旧組合を活用して、新組合の活動の〝ブレーキ〟役を担当させ、ことあるごとに会社側に加担させて方便に活用することは、やめていなかった。やはり旧組合の存在は、新組合体制をつくり上げるうえでの〝癌〟そのものであった。民主的な組合運動の発展、定着には早期に統合を図ってこの存在を除去しなければならない。

三ヶ月間の熾烈な人権争議は終結したが、経営側は心底労働者いじめの悪辣な労務管理を反省しているものではなかった。

それだけに表面的には協定書に調印をしたが、新組合の弱体化を企図することは捨てていなかった。

争議終了後の労働諸条件の交渉は困難が予想された。

諸課題についての交渉の成果

あっせん案にもとづく〝協定書〟の実現を図る闘い

新組合の存在感を誇示し、絶対的な〝力〟をもつには協定書に明示された諸課題を解決し、実現しなければならない。併せて関連する問題、さらに新組合として長期の闘いのなかで得た労働者としての基本的な条件についても可能なかぎり獲得しなければならない。このことを前提として先ず協定書の内容の実現を図ることに主力を置いた。

以下、昭和二十九年度から三十二年度まで彦根工場に於ける会社との交渉成果を挙げてみる。

昭和二十九年度

九月二十四日

・輪番休日制の廃止（一斉休日制の復元）

・門深夜番廃止等について暫定的に決まる

十月一日

・寄宿舎、舎監制度廃止決まる

　寄宿舎非民主化・抑圧の元凶であった制度なくなる

・自主的自治会制度を獲得

十一月六日

・身分制度廃止（社員・工員制度廃止）

社員・工員の呼称だけでなく賃金体系、給与支給日等一時金の査定基準、寄宿舎入居条件など差別扱いが廃止となり、社員として一本化されることになった。新基準は改めて協議して決める。

十一月十七日

・ユニオン・ショップ制度を獲得

協定書では変則的ユニオン・ショップ制を暫定的に認めていたが、本格的ユニオン・ショップ制として確認

※ユニオン・ショップ——雇用する労働者に一定期間内に労働組合へ加入することを義務づける制度

十一月二十日

・賃上げ三〇％満額獲得（他社並み賃金に一歩近づくことになった）

十一月二十一日

・組合本部指示にもとづき各自治会一斉に専従者をおき業務開始（十二月二十四日専従制度協定確認）

十二月四日

・一年契約者、身分保障、一斉休日、休息、不当解雇者の職場復帰等について協定

十二月七日

・第三組合を解散し、新組合に吸収（新組合員数九八六六名となり、新組合へ加速）

昭和三十年度

三月十七日

・一年契約者身分保障及び自治会経費補助金問題解決

五月三十日

・経営民主化と夏川社長不信任署名運動の方針決定：第三回中央委員会（於大垣支部）

六月二十四日

・運動方針で中執制度確立、専門部として―組織・情宣・教文・福厚・調査・寄対の各部を設ける：第一回定期単一大会（於彦根支部）

九月二十日

・定昇制度確立、社宅設置など十七項目の要求及び当面の闘争方針決定：第一回定期中央委員会（於中津川支部）

十二月十四日
・諸手当の改定
住宅手当　六大都市一一〇〇円、その他七五〇円、独身者四五〇円
都市手当　基本給＋臨時給の十五％五〇〇〇円頭打ち
家族手当　第一扶養一五〇〇円、第二扶養以上七〇〇円
十二月二十三日
・年末年始休日協定調印
正月休み　十二月三十一日〜一月三日（出勤手当）一七〇％

昭和三十一年度

一月二十七日
・生理休暇　二日間賃金保障五〇％確認
二月九日
・男子作業服統一化決まる
会社負担四五〇円、自己負担三五〇円（争議前は社員コゲ茶色、工員男子黒色スフ混

紡糸）

二月二十八日

・共済組合規則改正

結婚祝金　五年以上八万円、弔慰金一〇年以上七万円

三月二十日～二十一日

・退職金改訂闘争、第一波、第二並時限スト

二十三日妥結、勤続三〇年以上　支給月数三八・五ヶ月

四月二十六日

・年間特定休日決まる。年間九日間内四日は有給

六月四日

・各工場にテレビ設置（十四台）

・女子作業衣（夏服）会社より貸与

八月二十四日

・社宅建設　十四戸決定　さらに増設要求

十一月十二日

・新賃金体系交渉妥結
満二十六才標準者一二〇〇〇円　定昇の体系確立

昭和三十二年度

三月二十七日
・深夜番廃止、希望退職募集協定調印
四月十六日
・女子作業衣（冬服）改訂決まる
会社負担初回五〇％　二回以降二〇％
五月六日
・組合員の定年五十五才に統一される
五月八日
・業務上負傷、疾病の賃金保障一〇〇％確保
七月五日
・時短闘争妥結　午前十時スト中止

実働十五分時間短縮　実施日十二月二十一日

七月八日

・住宅補給金改定

六大都市三五〇〇円　その他二五〇〇円

八月五日

・育児時間　一日二回三十分間付与決まる

企業紛争と組合の分裂

夏川社長を中心とする旧態の経営手法を刷新するよう銀行など経済界の意向があったものの、企業経営陣との間に再建方針について対立が絶えなかった。

昭和三十年六月二十九日、近江絹糸株式会社第七〇回株主総会において、夏川嘉久次社長は取締役会長に就任、水野嘉友（三菱銀行）が副社長に就任したものの、社長は空席のままとなった。翌年八月七日開催の株主総会で、副社長の水野嘉友氏が社長に、副社長には神前政幸氏（東洋紡）が就任、銀行主導の体制となったものの、企業経営陣との間に再建方針について対立が絶えず、再び夏川氏が経営に関与する兆しが見えてきた。

昭和三十二年五月「夏川カムバック」に対し、組合各支部一斉に抗議大会を開き、時限ストや夏川不信任署名運動を展開、署名は三日間で八四・九％に達した。

しかしながら、この間に水野社長始め、八名の役員が相次いで退陣。銀行からの精算金融も停止してしまった。

経営陣の動向と企業再建策をめぐる余波は組合内に飛び火し、組合本部役員間も意見の対立が起き、この動きが各支部にも波及した。昭和三十三年、大垣支部は臨時大会を開き、夏川追放闘争を取り下げ、労使協調による企業防衛方針を決定。

この動きに連動して、彦根支部副支部長他数十名が大垣支部支持を表明、分裂の兆しが表面化した。津支部においても、少数の有志が大垣支部支持を表明する動きがあった。

これにより組合は一時分裂したものの、人権争議から四年、紆余曲折の末、全繊と会社で労働協約を締結、七月二十五日に組合統一大会を開催した。

当時、この人権争議は日本中の注目を集めていた社会的な事件であった。その副産物として近江絹糸労組に対して様々な立場や階層の人から接近が図られた。特にその中でも左翼陣営と言われる人たちや特定政治団体は熱心で、自分たちのグループや陣営の勢力拡大を図るには、まさに格好の対象であった。

これらの人たちの影響は陰に陽に労働組合の運営に投影され、それぞれの考え方として浸透していった。ひいては組合内のグループ活動として芽生え、やがて企業紛争へと連動、さらにはこれが引き金となって組合の分裂へとつながっていった。

組合の分裂は、なによりも組合員の不幸であった。対経営側との交渉においても、組合の〝力〟を発揮することが不可となり活動が停滞した。

組合の分裂時代は、昭和三十一年～昭和三十三年の約二年余の長きに亘った。この間、せっかく人権争議で諸条件を勝ち得たにも関わらず、工場の生産性が低下したのである。経営側は人権争議で失った力を再び盛り返し、分裂した組合の一方に加担して（協力して）優位を保持した。

組合の分裂の一時期、組合の単一組織として統率力を欠き機能が低下し、組合としての歩みが頓挫した。この状況のなかで新組合誕生の生みの親であった全繊同盟は苦悩し、機能を失った組合本部に代り、全繊同盟が統一のために新組合に代り、会社側との間に暫定的に労協を結び、組合を守り統一するために統一委員会を設け、分裂した両派の緩衝地帯としての役割を引き受け努力した。

組合統一後の活動

昭和三十四年、製造ラインも合理化、最新機械に代わってゆくなかで、長浜、岸和田工場は一年間休業の承認、そして閉鎖となった。同年新経営者として鐘紡の高見重雄氏が社長就任した。以降私が組合長に就任する昭和四十九年までの主な活動は以下の通りである。

昭和三十四年度

四月十一日　第一回定期中央委員会
・企業総合計画に対する態度決定
・彦根工場集中封かん反対
・長浜・岸和田工場一年間休業認める
　大垣工場織布は専門委員会で検討
九月四日　生産手当の実施を確認
（増産手当＋能率手当方式）
九月二十一日　夏期対策及び食費値上げ決まる
①副食仕切り皿使用十一月実施
②夏布団支給
③食費一ヶ月一六五〇円　一食十八円
十月三十一日　第二回定期中央委員会（於東洋紡会館）
・長浜・岸和田工場閉鎖承認

昭和三十五年度

一月二十七日　社宅長期建設計画回答

①八年間に一一二九戸建設

②住宅補給金　東京五五〇〇円　大阪・名古屋四五〇〇円　その他三五〇〇円

五月二十四日　退職金規程改定交渉妥結

①勤続三十年以上退職金支給月数六〇ヶ月

②特別調整金加算

③定年自己都合交差点二〇年

六月十五日　臨時大会（東洋紡会館）

団体交渉権が全繊統一委員会より近江絹糸労組に返る

八月二十四日　労働協約改定（新設）

①結婚休暇五日有給

②服衷休暇七日　その他五日

③出産休暇（無給）

十月二十日　全繊統一労協改定闘争

中労委あっせん案出る
近江絹糸労組は、九組合案に準じて自主解決
十二月六日　定昇闘争妥結
①男子二十五才勤続十年で支給月数に移行
②定昇年二回
十二月二十六日　近絹労組と会社の間で労働協約締結
第四回定期単一大会（於彦根支部）
・役員改選　渡辺組合長から大塚組合長へバトンタッチ

昭和三十六年度

八月八日　第一回定期中央委員会（於彦根支部）
・労働量の統一決定
・値上げ闘争、午前十時よりスト突入。午後一時三十分、三五〇〇円で満額獲得スト
　中止
・完全独立を条件に学院設置を承認

九月十一日　学院設立に関する確認書調印
十月一日　彦根工場に学院家政学院発足
十二月十一日　厚生関係改善要求実現

昭和三十七年度

二月八日　会社側に「企業発展策」の明示を文書で申し入れる
三月二十五日　「友愛友の会」発足（彦根・中津川・富士宮支部）
四月二十四日　事務女子作業服を廃止、工務と統一
四月二十七日　第六回定期単一大会（於大垣支部）
①運動方針、組合行動綱領の決定
②名古屋支部廃止
七月二十日　夏期対策決る
①全員に汗ふきタオル支給
②整腸健胃剤各室配布
③週一回特別献立の実施

七月二十五日　第一回文化リーダー研修会（於中山寺）
九月八日　退職金改定闘争妥結
勤続三〇年、定年退職金二六五二〇〇〇円
定年と自己都合との交差点十八年

昭和三十八年度

一月十二日　労使協議会制度発足
五月三十日　第七回定期単一大会（於富士宮支部）
①運動方針　民社党支持決定
②支部長が中執を兼務、中央委員会を年二回に
七月三日　退職金自動増額制度くずれる
賃上げ分退職金計算基礎に入れない
定昇年一回など賃上げ協定書調印
八月　給食改善なる
①一食分単価制、朝三十円、昼夕三十円

②米八十五％、麦十五％に混合率変更
③月二回卵・のり
八月八日　不況により中止された行事一部復活
誕生会、映画会、クラブ活動など
十月二十六日　幹部研修会（於中山寺）
「繊維産業と企業対策について」
十月　予算化闘争三七二件を要求
テレビ各寮一台、コンセント、ホームコタツ設置、職場の冷房対策など解決
十二月十八日　定年後の雇用継続に関する調印

昭和三十九年度

四月六日　男子希望退職者について各支部オルグを実施
四月十五日　臨時中央委員会
男子希望者承認、二十日全繊に申請
二十七日の中執で最終態度決定

六月一日　組合員の雇用安定協定締結
七月一日　新賃金体系及び定昇改定闘争妥結
　①本給を基本給と職能給の二本立とする
　②日月給制の採用
　③給料支払日毎月二十五日に
八月十五日　第一回合同キャンプ、中津川・富士見台高原で実施　参加者八十名
八月二十一日　賃上げ闘争二八〇〇円で妥結（要求三五〇〇円）
十二月一日　ホームコタツ及び各室コンセント設置される

昭和四十年度

一月二十六日　組合結成十周年記念レセプション（於東京会館）
　関係者を招待、全繊本部にブロンズ像贈呈
二月二十二日　第一回給食対策委員会（大垣工場）
　労使で給食内容改善研究　給食費一日一〇〇円
三月二十九日　家庭寮設置　年間統一行事決る

会社・健保・組合・自治会主催行事を統一
年間行事予算を決定
五月十七日　勤務表彰制度決る
五年勤続以上二万円物品支給（寝具又は電気製品）
六月十五日　女寄居室、テレビ室に扇風機設置
六月二十五日　一泊旅行制度決まる。
会社負担紡績工場一七五〇円、加古川一三〇〇円
七月三十一日　第二回合同キャンプ（於伊吹山）
八月七日と二回実施八〇〇名参加
七月　家庭との連携を深めるために現地父兄会に出席
以降毎年参加

昭和四十一年度
五月七日　定年延長闘争五十七歳まで一年間の雇用延長決る
七月二十三日、三十日　第三回合同キャンプ（於三重　尾高高原）　八五五名参加

▲新入者赴任風景

▲３年勤続者の父兄招待。バスで工場に到着

▲昭和40年、従業員の１泊旅行実現

▼昭和40年、家庭寮の設置

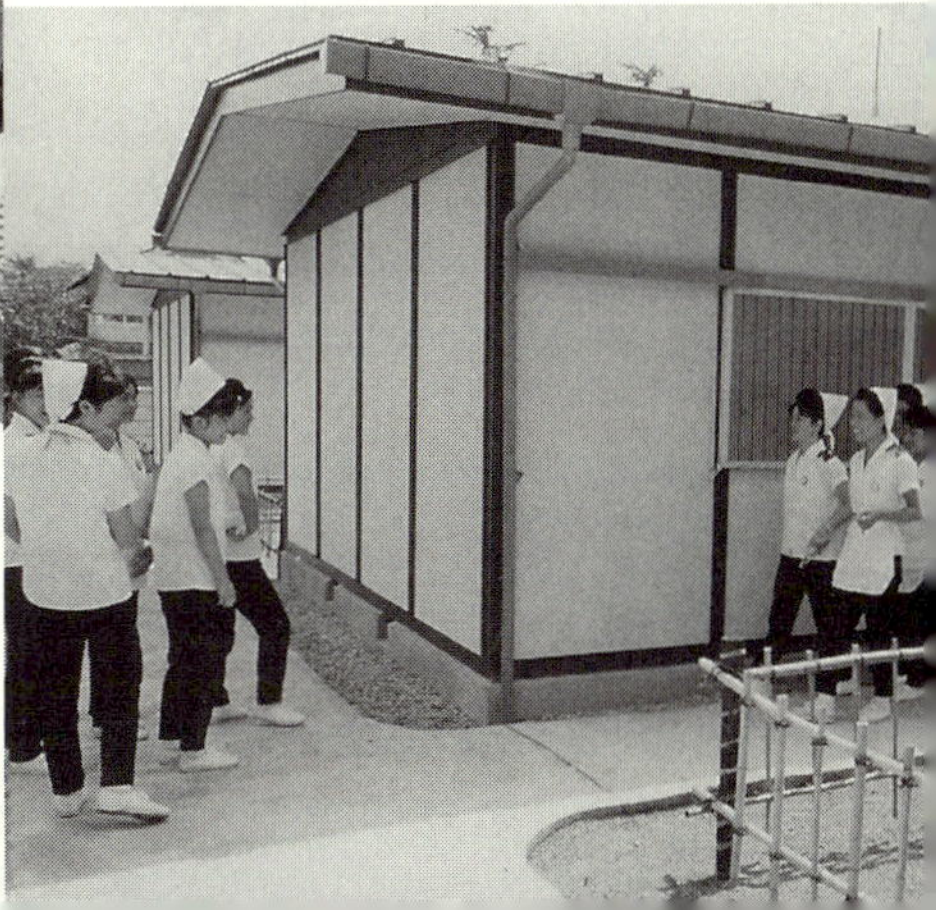

十一月　文化祭を年間行事から切りはなし、労働文化祭とする（メーデー、合同キャンプ、文化祭三大活動）

十月　組合幹部研修会（於湖城荘）

十二月二十日　彦根工場体育館完成

昭和四十二年度

三月十八日　第二回定期中央委員会（於富士宮支部）

第一次労働プラン、時短要求決定

四月一日　中央労使協議会、労働プランに対する会社回答示される

①近代化投資と二十四時間操業（大垣四工場の建設、津三工場近代化と二十四時間操業）

②規模の拡大と合繊原料の安定化

③販売政策の一貫性と強化

④傍系事業の強化育成

⑤男子の雇用安定と新規採用安定協定を四十五年五月まで延長

⑥管理体制の刷新

⑦高能率、高賃金を基本に持家対策、寄宿舎の鉄筋化に取り組む
四月　奉仕活動に対し、彦根・津両市町より感謝状授与　各支部とも四〇年以降奉仕活動盛ん
七月二十九日、八月十九日　第四回合同キャンプ（於養老公園）一〇五〇名参加
九月二十三〜二十四日　秋田市、大館市で労使共催による退職者の集い
十月三十一日　自治会連合会結成（於彦根支部）

昭和四十三年度

一月　労使住宅対策委員会設置
二月二十日　第二回中央委員会（於津支部）
第二次労働プラン決定
①毎年男子平均六二三〇円、女子平均二一二〇円（定昇込）の賃上げ
②賃上げ闘争、組織活動の強化、合理的な収益向上策の要求と実践
③不況にたえうる体質づくりを要求
三月二十八日　第十二回定期単一大会（於大垣支部）

寄宿舎近代化方針など決定
三月　賃金四年勤続以上月給制に移行
六月三日　臨時中央委員会（於彦根支部）
賃上げ要求、持家制度決定
六月　持家制度発足
六月十三日　党員協議会連絡会議結成（於彦根支部）党員四八二名
五月　近畿大学通信教育部と提携
彦根・大垣・津・富士宮工場で短大制度発足
七月一日　健保、伊勢志摩保養所オープン
和光会館（八月）、木曽駒山荘（十二月）
八月一日　会社の社名変更に伴い（近江絹糸→オーミケンシ）労働組合もオーミケンシ労働組合に変更
八月十五日　彦根工場女子寄宿舎鉄筋寮一号棟が完成。以降四十九年までに全工場鉄筋化完了

昭和四十四年度

二月十日　ミカレディ部門分離独立に関する協定調印
二月　文化活動、書く運動推進に小川降太郎先生各支部巡回講演
三月十四日　第十三回定期単一大会（於彦根支部）
　組合結成十五周年記念
三月　作業服改善でファッションショー実施
四月五日　時短闘争中労委あっせん案受諾
四十四年七月一日休日二日増、四十五年七月一日休日二日増
六月十八日　時短事後処理決る
四十四年一日輪番休日、四十五年三日休日、四十六年四日休日、本社・営業所二日増
六月十八日　機関紙専門リーダー研修会（於彦根支部）
六月二十三日　文化活動家討論集会（於大垣支部）
七月二十日　第五回合同キャンプ（於富士宮朝霧高原）七〇〇名参加
十月二十四日　組織革新運動討論集会（於サンニード花屋敷）

昭和四十五年度

一月十三日　役員討論集会（於津　御殿場荘）

革新運動基調かためる

四月二十七日　第十四回定期単一大会（於中津川支部）

「創造」「選択」「参画」の運動方針

・福祉事業委員会設置、事業内容など決定

・鈴木執行部誕生、大塚敬三組合長退任

七月二十六日　第六回合同キャンプ（於中津川根の上高原）六四八名参加

十月十五日　寄宿舎施設改善なる

①成人寮設置

②各室にコンセント設置

③電気器具使用範囲など決る

十一月十九日　経営参画に関する趣意書労使合意

労使協議会を発展的に解消し経営協議会設置

この年より出身校に教材を送る運動開始

昭和四十六年度

一月七日　退職金交渉妥結
三十年定年退職金五万円アップ三四五万円
自己都合結婚加算制度新設
勤続三年一万円　五年二万円　七年三万円
二月十九日　第十五回定期単一大会（於富士宮支部）
青婦中執制度、組織担当執行委員制度発足
文化作品コンクール、映画「新しき太陽に向って」制作決定
四月一日　ミカレディ退職金規程新設
八月七日　常夏の夢の島ハワイ初の海外ツアー（五名参加）
九月五日　オーミリーグ発足（ボーリング・卓球・囲碁・将棋）
九月二十七日　労働災害付加給付制度確立
死亡有扶養四〇〇万円　単身二五〇万円
十月十九日　定年延長闘争解決
定年五十六歳、雇用延長五十七歳まで

十二月一日　育児休職制度発足

昭和四十七年度

三月十七日　第十六回定期単一大会（於大垣支部）

青婦委員会の結成、青婦中執制度発足

活動家表彰制度など決定

「新しき太陽に向って」試写会

六月四日　賃上げオーミ独自闘争で七三三一円獲得（要求九一〇〇円）（アップ率オーミ一七・一五％、綿紡平均一五・〇六％）

七月二十一日　第七回合同キャンプ（於明石海峡洋上）

四二四名組合員と劇団・群狼の仲間四名参加

十月九日　オーミ労組独自要求解決

①風綿・ガス対策に五億九千万円投資

②年次有給休暇制度改定、入社後三ヶ月で三日

③成人寮建設、社宅の三ＤＫ化

④旅費規定改定
⑤女子登用制度、学院卒業者一等級学歴昇級、学院設立以前の入社者は卒業と同じく
　月給制移行
⑥職場協議会制度の新設
⑦原動施設の四組三交替制段階的に実施
⑧皮膚疾患者の休業補償

昭和四十八年度
二月三日　週休二日制実現闘争妥結
四十八年七月一日から年間休日（十三日増）八十四日
四十九年七月一日から年間休日（十二日増）九十六日
五十一年七月一日から年間休日（八日増）一〇四日
三月二十三日　第十七回定期単一大会（於津支部）
　規約改正・組合費二％＋上部団体会費十四ヶ月
　予算、罷業資金二〇〇円組合積立一本化

特別収益分配要求一ヶ月決議
六月二日　特別収益分配要求〇・六二ヶ月妥結
六月二十三日　時短事後処理協定
年間休日八十四日、定休日五十二日、週休日十三日、特定休日十九日（一斉休十二日、輪番休六日、誕生休一日）　実施七月一日
六月三十日　定年及雇用継続協定。組合員定年五十六歳、満六十歳まで特別社員として雇用継続。
七月一日　業務上災害見舞金改定
死亡、有扶養六〇〇万円、単身四〇〇万円
十月二日　併行闘争終結。本部統一項目七件　職場要求八〇〇件
①寒冷地手当の増額
②産後休暇の二週間延長など婦人の権利拡大
③住宅融資最高限度額A地区六〇〇万円、B地区四〇〇万円
④各工場ごとに風綿対策委員会を設置

昭和四十九年度

一月二十九日　通勤途上災害見舞金支給協定

死亡、有扶養二〇〇万円、単身一〇〇万円

四月九日　賃上げ闘争妥結

第一波六時間、第二波無期限スト突入実力行使で解決

五月十七日　第十八回定期単一大会（於彦根支部）

規約改正、定期大会十月開催に変更

職務担当、教宣、生対、労対、青婦、組織、総務

組合結成二十周年記念式典レセプション（彦根工場体育館）

結成二十周年アピール、功労者表彰、解放への叫び発行

朝倉執行部誕生、鈴木六郎退任

六月　各支部結成二十周年記念行事実施

彦根・津工場プール完成

九月　オーミ母性保護闘争

①生理休暇の賃金保障八〇％とする（二日）

②育児休職後の有給休暇については八〇%以上勤務で規定の半分を付与する

九月四日　労働協約改定闘争中労委の調停案出る

①労働委員会の提訴義務をなくする

②あっせん申請した場合、七十二時間前に予告する

③第一次あっせんから七日後に予告する

自立した社会人として生活するために

若い従業員の多くが、近江絹糸という一企業内の独善的な運営のなかで偏った考え方の経験しかなく、実社会の荒波に埋没しない自立した社会生活を営むことができるよう、社会人としての基礎能力・社会常識を修得する場としての勉学の場・学習の場を労働条件として企業側に要求し、実現させることであった。

この問題の考え方としては当初は組合内にあっては、我々の主張は少数派であったが、卑下された過去の悔しい経験にもとづいて、なんとしてもとの思いであった。我々の運動では限界があるので、社会に通用する権威ある制度・施設の実現を目ざした組合内の批判的意見等をねばり強く説得して協力を得たものだった。また経営側に対しては、我々の真の狙いについて理解を取りつけて実現にこぎつけたものだった。

その結果、昭和三十六年学院設立に関する確認書を交わし、昭和三十六年十月一日、彦根が発議者ということで先ず彦根からスタートさせて、その実務と経験を重ねた結果を他の工場支部に導入することとした。先鞭として彦根が発足した学院の運営は初めての経験であったので、当初は試行錯誤があったが、手探りで創意と工夫を積み重ね一つの方向性を導き出した。

学院の運営はあくまで女子寄宿舎生への教育ということに主眼をおき、労使双方から中立機関として位置付け、労使ともそれぞれの影響を与える行為は行わないことにした。学院は若い従業員の純粋の教育機関として位置づけ、それぞれ偏見的な宣伝の場としては利用しないことを確認した。運営は労使双方同数の委員から構成する学院運営委員会によって行うこととした。

学院長は施設管理者である工場長がその任につき、委員会の運営の取りまとめの役を行うことにした。

委員会の会議は合議制とし、会議の決定は全員の一致制を原則とすることを確認した。学院の講師陣は、市内の教育界の協力を得て、市内の中学校をリタイアされた管理職等を経験されたベテランの教師及び、市内の高校を退任された方々、さらには県下の高校、定時制の現職の方々にも協力を求めた。

全体的には、学院のレベルアップを目ざして、繊維産業、紡績企業の協会である日本紡績協会が各企業の従業員の学力・知識の向上を主眼として運営している向陽台高校に参加して、分校形式を取り入れて学習の場として、教育機関としての権威づけと、学習内容のレベルアップを目ざした。

学院設立の初期の段階では、学院運営委員会並びに学院事務局の了解を得て、ホーム・ルームの一定時間、自由学習時間を設けて、その時間を借用して、その時間に顔出しして学院生に対し激励につとめたものだった。

働きながら学ぶという困難な環境に臆することなく気力をもって、乗り越えるよう鼓舞しつづけたものだった。

▲彦根高等女学院第１回卒業式（17名卒業）

▼彦根高等女学院第２回卒業式（24名卒業）。保護者とともに

「君たちは、いろいろな思いがあるだろうけれど、自分が地元の高校へ行けなかったことに対して劣等意識をもってはいけない。ましてや保護者両親を恨んではいけない。いろいろの状況のなかで親御さんは御苦労があったことであろう。決して不幸であると思ってはいけない。今は自分の思いと力で働きながら頑張って高校に入ったのだから」

「郷里を出て近江絹糸に入社するとき、郷里の高校に入学した同級生をみて羨ましく思ったかも……。

あるいは、自分の境遇を卑下することがあったかも知れない。今日までもしそんな思いがあったとすれば、今日からはすっぽりと捨ててもらいたい。自分の力で高校に入学したのだから、胸を張って生きてもらいたい。故郷の友人よりも君達の方がはるかに立派で頑張り抜いているのだから、これからは自信をもってもらいたい。そして堂々と生き抜いてもらいたい」

ホーム・ルームの時間を利用して、くりかえしくりかえし、話をして自信と誇りを持つよう諭しつづけ、困難があってもいつも明るく立ち振る舞うよう呼びかけたものだった。

労働組合の地域貢献

近江絹糸労働組合は全国の労働組合をはじめとする働く者や、市民の強大な力が支援となって誕生した組合であったことを忘れることはできない。そこで近江絹糸労働組合は、社会との関わり合いを大切にする組合活動を行うことの取り組みを重要視した活動をおしすすめてきた。

具体的な取り組みの活動をここに記す。

・献血活動への協力
・年末たすけ合い街頭カンパ活動
・障害者施設への訪問活動
・彦根城の清掃活動
・稲刈りなど人手不足農家への奉仕活動
・災害地被災者救援カンパ活動

・通院者等の療養者の医療機関への搬送活動

▲人手不足農家へ稲刈奉仕

▲新潟地震救援募金活動

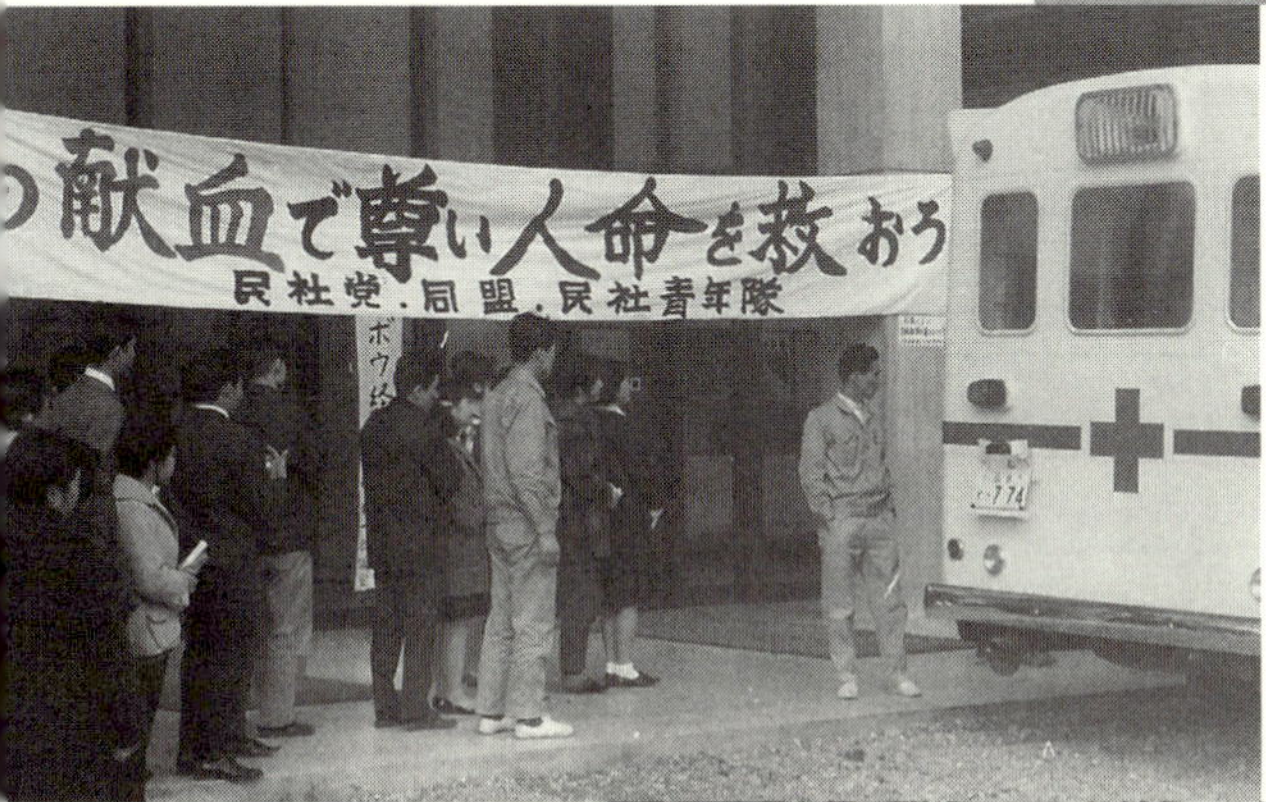

▲献血運動

▼彦根城清掃

第三章

共に闘った同志の絆は永劫に

退職者の集い開催

長年に亘る経営側の労働者への弾圧と差別扱い、自由の制限と人権無視、仏教の強制のもとでの規律、束縛された管理の鎖を断ち切って、きびしい環境のなかで自由を求めて闘い抜いた同志、争議の戦友の絆を大切にするため、退職者との連携を一層強く保って末長い友情を深めたいとの思いで、第一回の全国規模の退職者の集いを平成二年九月十五日、当時の近江絹糸彦根工場体育館を主会場として開催した。全国各地の居住地から喜々として駆けつけた出席者は一〇〇〇名に達するほどの大盛況であった。

ほとんどの人たちは、退職後はじめての再会であったので、限られた時間では到底語りつくすことは不可であったであろう。時間制限を忘れて語り合った。

全国規模の退職者の集いは、以来二〜三年間の間隔で、会場を市内のホテルに替えて開催し、今年（平成二十六年八月三十日）で第八回を重ねることになった。

なお、近江絹糸彦根工場退職者の集いは、彦根を主会場とする全国的規模の集会にとどまらず地域的に入社時の出身県単位毎に開催し、交流を深め同志的友情を確かめている。また、これを機に各県、各地域での交流は職場グループ、仲良しグループなど多数にのぼっているとの連絡を受けている。今回は情報提供いただいた方々の写真、情報等一部を掲載する。

島根出身者の「千鳥会」

島根県では在職中「千鳥会」という県人会があったと郷原(旧姓三島)慶子様からピクニックに行った時の写真を送っていただいた。また門屋(旧姓飛田)利江様からは第一回全国退職者の集いの翌年に島根県湯の川大会の案内はがきを拝見した。

秋田県ＯＢ会

秋田県では平成十年に近江秋田県ＯＢ会を設立、毎年一回のＯＢ会は秋田県に留まらず、彦根訪問や岩手県ＯＢとの交流会など一〜二泊の旅行を兼ねたＯＢ会を続けておられる(秋田県武内二朗様より)。

東北ＯＢ会

宮城県の制野祥子様からは平成二十年宮古大会、平成二十三年松島大会、平成二十五年青森大会の三枚の写真を送っていただいた。特に松島大会は東日本大震災から半年も経たない八月だったが、北海道から関西まで八十五名が参加、また同会では震災義援金を募り、開催地宮城県へ送ったところ、宮城県知事よりメッセージと感謝状を授与された。

関東地区ＯＢ会・南関東地区ＯＢ会

現在、関東・南関東に在住するＯＢの会で神奈川県在住の井上亀一様より写真を送っていただいた。出身地は様々であるが、首都圏には多くのＯＢが居住されているものである。

愛媛県出身退職者の集い

滋賀県長浜市に在住の向井頼秋様より写真を送っていただいた。

長崎県島原市出身退職者の集い

松本久栄様より送っていただいた。

鹿児島県出身退職者の集い

福島県出身で彦根市在住の斉藤力様が鹿児島出張の際、鹿屋市在住の宮内仁子様と出会い、その後写真を送っていただいたもの。

あれから六十年を経たが、退職後何処で生活していても、いつまでも連絡を取り合い、励まし合い、お互いに助け合うことのできる人間関係が保てるのは、あの若かりし頃の共に働き、闘い抜いた熱い絆で結ばれているからであろう。

▲第１回彦根工場退職者の集い
近江絹糸彦根工場体育館（平成２年９月15日）

人権争議の帰結

人権を守り、労働条件向上のために闘い、稼働した同志の絆を結ぶ退職者の集い。六十年の継承の今日の姿

▲思い出多い工場の広場で懐かしい面々とともに
会場の体育館への入場前の一コマ

▲島根県人会「千鳥会」在職者の集い（昭和31年11月25日）彦根工場内で

▲島根出身者退職者の集い　島根県湯ノ川（平成３年10月12日）千鳥会の今日の姿

▲秋田県OB会　男鹿観光（平成18年10月26～27日）

▲秋田県OB会設立10周年記念　秋田温泉プラザ（平成19年11月15日）

▲東北OB会　岩手県宮古市グリーンピア田老（平成20年８月30日）

▲東北OB会　宮城県松島大会　ホテル松島大観荘（平成23年８月27日）

▲東北OB会　青森県浅虫観光ホテル（平成25年８月31日）

▲南関東地区OB会　神奈川県江の島　岩本楼（平成８年２月10日）

▲関東地区OB会　神奈川県　マホロバインズ三浦（平成15年４月20日）

▲愛媛県出身者OB会　愛媛県松山市

▲長崎県島原市出身退職者の集い　長崎県島原市

▲鹿児島県退職者の集い　鹿児島市

あとがき

私は、昭和二十五年、近江絹糸彦根工場に入社以来、経営側の労働者に対する人間性無視の労務管理に対して違和感をもった。また、経営者による労働者に対する理不尽な取り扱いにも関わらず、それについて「改革しない・抗議しない」という労働組合の存在に大きな疑問をもった。そしてこの御用組合化した労働組合の改革を目指して、同じ思いをもつ同志に呼びかけて、秘かに労組改革を模索し始めた。

労働改革の動きをキャッチした経営側は、改革分子を排除するため、監視の網を張りめぐらせ、弾圧にのり出した。もはや名ばかりの組合は経営側の手先となりって、ますます御用組合への姿勢を強めていった。その性格を明らかにしたものがユニオン・ショップ制の取り決めであった。その制度とは、「組合が〝除名〟した者は、自動的に会社は解雇できるというもの」であり、このような危険な〝ワナ〟が仕掛けられているので、細心の注意をしなければならなかった。

我々は監視と弾圧の〝ワナ〟を潜りぬけて水面下で改革派の同志の拡大につとめた。そして、秘密組織をつくりあげた。その存在と行動が経営側に漏れないよう細心の注意をもって、新組合結成の準備に取り組んだ。

六月二日大阪本社で勃発した新組合結成の波のうねりは、四月に岸和田、七月に彦根と次々に広がり全事業場に波及し、争議は全国的な規模となった。闘争規模が拡大するなかで、組織を統合して単一組合にし、要求項目も本社組合要求の二十三項目のなかに包含して、交渉体制も単一交渉方式にすることにした。経営側の連続的な団体交渉の拒否と新組合の幹部に対しての大量の解雇通告の乱発によって長期化した争議も昭和二十九年九月十六日中央労働委員会が示した第三次あっせん案を全織、近江絹糸新組合、経営側の三者が受諾したことによって、一〇六日間という長期にわたる近江絹糸労働争議は新組合側の全面的勝利によって終結した。

労働者の人権と紡績十社並みの労働条件を確保するため、新組合が全繊同盟の支援と指導の下に総力をあげて闘ったこの争議は、無理解な経営者を屈服させるために全繊組織三十二万人が一人当たり数千円の支援カンパを行って闘争支援に立ち上がってくれた。また全繊は闘争のため、連日現地に大量の動員体制をとり続け、若い新組合員を勇気づけ、共にスクラムを組んでくれ、新組合つぶしのために経営者側が雇った暴力団の襲撃を跳ね返して守ってくれた。しかしながら会社に抗議するため、自ら命を絶つという犠牲者も出た熾烈な闘いでもあった。

日本の労働運動史上に、その名を記す近江絹糸人権争議。この争議は未組織労働者の組織化が急増する端緒ともなり、多くの労働者に勇気を与え、多大の影響を及ぼした。

近江絹糸人権争議は、戦後日本の近代化の負の遺産として、社会問題化し、日本国内は言うに及ばず世界中にニュースとして届き、また映画化されたフィルムはロンドンなど世界の主要都市で上映されたと聞く。

莫大な闘争資金の投入、大量の人員動員、尊い人命の犠牲を出すという近江絹糸人権争議は一体なんであったのか。そして争議終結後、新組合は人権確保のため労働条件向上のためどのような活動を展開し成果を得たのか。何よりも先ず争議を闘った労働者の生活向上と権利の確保はなされたのか。圧倒的な社会世論の支援を得て誕生した近江絹糸の新組合は、社会への貢献活動にどのように取り組んできたのか。

また、厳しく、激しい闘いの中で生まれた働く者同志の絆を育てどのように深めていったのか。そして、人権争議後の組合活動でこれまでに培われた活動「魂」を継承し、「近江絹糸―オーミケンシ魂」と言うべきものを実社会のなかで発揮させたのか。

私は長い間の労働運動・社会運動のなかでこれらのことについて自問自答をくり返してきた。そして他の誰よりも強く意識し、関心をもって反省を重ねてきた。また事ある毎に、かつての人権争議を闘った戦友、その後の組合活動を継承した活動家たちの消息、その後の越し方・生活の現況などを訪ね歩いた。

また、風の便りとも言うべき音信をキャッチし交流を積み重ねてきたのであるが、その集大成とも言うべきものが「退職者の集い」、「ＯＢ会の集い」となって結実したのである。

その「絆」がこうして六十年間という長い年月、連綿と繋がっている。しかも人権争議の体験という一時期に限定された繋がりではなく、年代を超え経験の違いを超え、職場・部署の垣根にとらわれることなく交流している源、それは近江絹糸（オーミケンシ）労働組合である。また青春時代の生活地である彦根であり、毎日目に焼きつけられていた彦根城というシンボルであり、四季折々に眺めて生活していた琵琶湖の風景である。

年代や職場、その立場を超えて、どこの集会やどのような形の集会で喜々として目を輝かせて集ってくる人たち、その引力は一体何であろうか。抑圧され、虐げられた生活環境のなかで自由を束縛されていた人たちが、人間らしい生活を求めて立ちあがり、固い決意をもって闘い抜いた人権争議。夏の炎天下のなか経営側が新組合つぶしのために雇い入れた暴力団の襲撃を跳ね返した結束。経営側による食堂閉鎖という非道な仕打ちにも屈することなく共に助け合って飢えを凌いだ友情。乏しい闘争資金確保のため、連日街頭に立ってカンパを求めた切実な思い。

人権争議は、真の人間の姿をみつめる道場でもあった。厳しさのなか、あらゆる困難を乗り越えて闘い抜き自由と人権を勝ち取った近江絹糸新労働組合。さらなる努力と持てる力を結集して築き上げ、日本特有のものとも称されるまでの労働環境と条件をつくり上げて後輩たちに引き継ぎ、次なる後輩たちはさらなる活動を積み重ねて尚一層の成果を積み、輝きを増して次々と後輩たちにバトンを引き渡していったものだった。

その活動の成果の輝きは、ゆるぎないものとして六十年もの長い間、変わることなく結びついてつながっているのである。言葉を借りて言えばこれこそが「近江絹糸——オーミケンシ——の新組合魂」とでも言えるものであろう。

退職者の集い（OB会の集い）の結集は人権争議によって誕生した新組合活動の集大成であり、その帰結である。

万感の思いをもってここに記し、感謝・御礼の言葉とする。

最後に資料提供や多くの情報・証言をくださいました方々に心から御礼申し上げます。
また、今回もサンライズ出版の岩根順子社長、並びに岩根治美専務にはいろいろとご配慮いただきましたこと、厚く御礼申し上げます。

平成二十六年　八十歳の夏

朝倉　克己

著者略歴

朝倉　克己（あさくら　かつみ）

昭和９年（1934）７月鳥取県倉吉市生まれ。昭和25年（1950）３月、近江絹糸彦根工場入社。翌26年５月、彦根東高校定時制入学。彦根工場で人権無視の劣悪な労働環境改善を求め、同志とともに潜行活動を続ける。昭和29年（1954）６月大阪本社の新労働組合結成に呼応し、彦根工場初代彦根支部長となる。三島由紀夫『絹と明察』の「大槻青年」は著者がモデル。

オーミケンシ労組組合長を経て、彦根市議会議員、滋賀県議会議員を各３期、民主党滋賀県連幹事長を務める。平成22年（2010）旭日小綬章受章。

著書『近江絹糸「人権争議」はなぜ起きたか』サンライズ出版（2012）

現住所　滋賀県彦根市城町２丁目12-2

近江絹糸「人権争議」の真実

2014年８月30日　初版発行

著　者　　朝　倉　克　己

発行者　　岩　根　順　子

発行所　　サンライズ出版
〒522-0004
滋賀県彦根市鳥居本町655-1
電話 0749-22-0627

印刷・製本　サンライズ出版

ISBN978-4-88325-544-3 C0036　Printed in Japan　定価はカバーに表示しています。
乱丁・落丁本はお取り替えいたします。